BULLETIN OFFICIEL
DU MINISTÈRE DE LA GUERRE.

ÉDITION MÉTHODIQUE.

PERSONNEL CIVIL D'EXPLOITATION
DES
ÉTABLISSEMENTS MILITAIRES

SERVICE MÉDICAL

Volume arrêté à la date du 8 avril 1913.

PARIS
HENRI CHARLES-LAVAUZELLE
Éditeur militaire
10, Rue Danton, Boulevard Saint-Germain, 118
(MÊME MAISON A LIMOGES)

1913

BULLETIN OFFICIEL
DU MINISTÈRE DE LA GUERRE.

ÉDITION MÉTHODIQUE.

PERSONNEL CIVIL D'EXPLOITATION

DES

ÉTABLISSEMENTS MILITAIRES

SERVICE MÉDICAL

Volume arrêté à la date du 8 avril 1913.

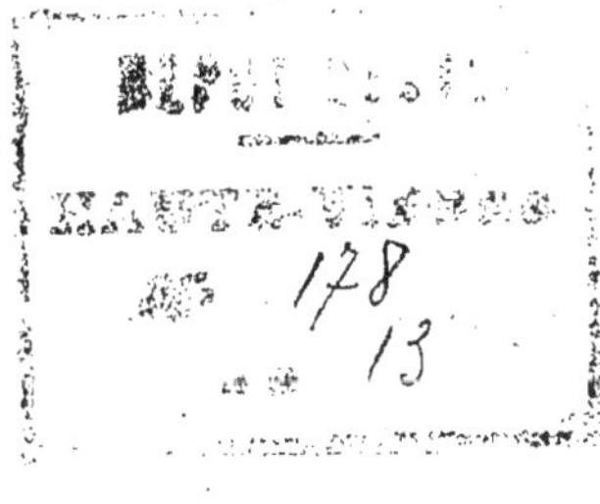

PARIS

HENRI CHARLES-LAVAUZELLE

Éditeur militaire

10, Rue Danton, Boulevard Saint-Germain, 118

(MÊME MAISON A LIMOGES)

BULLETIN OFFICIEL
DU MINISTÈRE DE LA GUERRE.

ÉDITION MÉTHODIQUE.

PERSONNEL CIVIL D'EXPLOITATION DES ÉTABLISSEMENTS MILITAIRES

SERVICE MÉDICAL

Décret relatif à la fixation des allocations nécessaires au fonctionnement du fonds d'abonnement destiné à assurer le service d'assistance en cas de maladie dans les établissements militaires qui occupent du personnel civil d'exploitation.

Ministère de la Guerre.

Paris, le 7 décembre 1912.

RAPPORT AU PRÉSIDENT DE LA RÉPUBLIQUE FRANÇAISE.

Monsieur le Président,

Aux termes de l'article 19 du décret du 26 février 1897, qui régit la situation du personnel civil d'exploitation des établissements militaires, les soins médicaux et les médicaments sont donnés gratuitement à ce personnel, quelle que soit l'origine de la maladie.

Or, depuis plusieurs années, les dépenses auxquelles a donné lieu l'application de cet article ont subi une marche ascendante qu'aucune circonstance spéciale ne paraît justifier.

En vue de remédier à cet état de choses, l'administration de la guerre, d'accord avec les délégués ouvriers à la commission mixte consultative du travail au ministère de la guerre, a été amenée à envisager la création dans chaque établissement d'un fonds d'abonnement régi dans ses grandes lignes comme le sont aujourd'hui les masses qui fonctionnent dans les corps de troupe et les écoles militaires. Ce fonds d'abonnement, destiné à subvenir aux dépenses d'honoraires des médecins et d'achat de médicaments, serait alimenté par des allocations, fonctions du temps et des effectifs, et basées sur les crédits votés chaque année par le Parlement. Parmi les nombreux avantages que présente ce système, il offre celui d'intéresser les ouvriers à la gestion plus économique des crédits et, en outre, il permet de prévoir exactement à l'avance les charges de l'Etat.

La loi du 27 février 1912, portant fixation du budget général des dépenses et des recettes de l'exercice 1912, a, en son article 39, consacré cette solution en autorisant le ministre de la guerre à créer ce fonds d'abonnement. Mais ce même article dispose que les allocations nécessaires au fonctionnement de ce fonds seront réglées par décret.

C'est en vue de l'exécution de cette dernière prescription que nous avons l'honneur, Monsieur le Président, de présenter à votre haute sanction le projet de décret ci-joint.

Ce décret, en son article 1er, indique l'économie générale du système, qui comporte, d'une part, l'institution dans chaque établissement ou chaque groupe d'établissements, de masses particulières, alimentées au moyen d'allocations trimestrielles spéciales et destinées à pourvoir aux dépenses normales qu'entraîne l'exécution du service médical et pharmaceutique; d'autre part, l'institution, à l'administration centrale, d'une masse générale, alimentée par des subventions ou primes que lui verseront les masses particulières à la fin de chaque trimestre et jouant le rôle d'une caisse d'assurances mutuelles contre les charges et dépenses exceptionnelles. Les articles 2 et 3 définissent les recettes et les dépenses des masses particulières et de la masse générale. Les articles suivants déterminent le taux des allocations à faire à ces masses.

Les allocations qui sont destinées à couvrir les dépenses comprises sous les nos 1 à 5 de l'article 2 sont fonctions de l'importance de l'établissement et, par suite, de son effectif; elles doivent être faites proportionnellement à cet effectif. Quant aux dépenses qui sont proportionnelles, non pas seulement aux effectifs, mais encore à la durée des maladies, c'est-à-dire, en dernière analyse, au nombre des journées de maladie, telles que celles prévues aux nos 8 de l'article 2 et 4 de l'article 3, l'allocation destinée à les couvrir doit être basée sur le nombre total probable de ces journées et sur un prix uniforme par journée de maladie.

C'est d'après ces données qu'ont été fixées les allocations dont il s'agit.

Celles-ci diffèrent suivant que les soins médicaux sont assurés par des médecins militaires, et ne donnent lieu par suite à aucune rémunération, ou par des médecins civils, dont les honoraires entrent en jeu. Enfin, une majoration spéciale est prévue, à Paris et dans certaines places avoisinant la capitale, pour tenir compte des dépenses auxquelles donne lieu l'exécution du service médical dans ces localités.

Nous avons lieu de penser que les dispositions qui précèdent et qui seront complétées par des instructions relatives à l'organisation du service médical et au fonctionnement des masses sont de nature à assurer une plus juste répartition de l'assistance en cas de maladie au personnel civil d'exploitation des établissements militaires, tout en garantissant le contrôle indispensable d'une bonne administration.

Si vous approuvez les termes du projet de décret ci-joint, nous avons l'honneur de vous prier, Monsieur le Président, de vouloir bien revêtir ce texte de votre signature.

Veuillez agréer, Monsieur le Président, l'hommage de notre respectueux dévouement.

Le Ministre des finances,
L.-L. Klotz.

Le Ministre de la guerre,
A. Millerand.

Le Président de la République française,

Sur le rapport des Ministres de la guerre et des finances;

Vu l'article 39 de la loi du 27 février 1912, portant fixation du budget général des dépenses et des recettes de l'exercice 1912 et ainsi conçu :

« Le Ministre de la guerre est autorisé à créer, en vue d'assurer le service d'assistance en cas de maladie dans les établissements militaires qui occupent du personnel civil d'exploitation, un fonds d'abonnement soumis à des dispositions analogues à celles qui régissent les masses dans les corps de troupe; les allocations nécessaires au fonctionnement de ce fonds seront réglées par décret »,

Décrète :

Art. 1er. Pour assurer le service d'assistance en cas de maladie du personnel civil d'exploitation des établissements du Département de la guerre, que la maladie à traiter soit ou non la conséquence du service ou qu'elle résulte d'un accident du travail, il est créé :

Une masse particulière d'assistance dans chaque établissement;
Une masse générale ou caisse d'assurances mutuelles pour l'ensemble des établissements.

Art. 2. Chaque masse particulière doit, au moyen des allocations fixées par le présent décret, faire face aux dépenses suivantes :

1° Honoraires des médecins traitants, des dentistes et des sages-femmes;
2° Dépenses pour achat de médicaments et d'objets de pansement dans les établissements du service de santé militaire;
3° Dépenses pour achat d'appareils prothétiques;
4° Dépenses d'achat, d'entretien et de remplacement du matériel médical et de l'ameublement de la salle de consultation des postes de secours;
5° Secours aux femmes en couches et primes d'allaitement;
6° Secours au personnel, accordés dans des conditions arrêtées par le Ministre de la guerre;
7° Subventions ou primes d'assurances à verser à la masse générale;
8° Dépenses d'achat de médicaments et de fourniture de bains thérapeutiques ordonnés pendant les quinze premiers jours de la maladie.

Art. 3. Au moyen des subventions qui lui seront versées par les masses particulières et dont le taux est fixé par décision du Ministre de la guerre, la masse générale devra faire face aux dépenses anormales ou exceptionnelles suivantes :

1° Honoraires des médecins spécialistes;
2° Honoraires des médecins et créances des pharmaciens avec lesquels l'administration n'aurait pas de traité et qui auraient été choisis par des ouvriers victimes d'accidents du travail;

3° Frais d'hospitalisation des ouvriers victimes d'accidents du travail et des malades qui doivent subir des opérations chirurgicales importantes;

4° Dépenses d'achat de médicaments et fourniture de bains thérapeutiques ordonnés pendant les maladies de longue durée à partir du seizième jour;

5° Frais d'envoi du personnel dans une station d'eaux minérales;

6° Dépenses d'assistance du personnel détaché en des points éloignés de villes où fonctionne le service normal d'assistance.

En aucun cas, les salaires ou portions de salaires auxquels ont droit les ouvriers malades ou victimes d'accidents du travail ne sont payés sur les masses d'assistance.

Art. 4. Les masses particulières d'assistance recevront une première mise et des allocations trimestrielles qui seront perçues à terme échu.

Art. 5. La première mise sera décomptée à raison de 20 centimes pour chacune des journées de maladie probables allouées pour le premier trimestre de mise en vigueur du service.

Art. 6. Les allocations trimestrielles comprennent :

1° Des allocations proportionnelles aux effectifs figurant sur les contrôles le premier jour du trimestre auquel elles se rapportent et décomptées d'après les tarifs suivants :

ÉTABLISSEMENTS DANS LESQUELS LES SOINS SONT donnés par des médecins.	PLACES ÉNUMÉRÉES CI-APRÈS.		AUTRES PLACES.	
	Hommes.	Femmes.	Hommes.	Femmes.
1	2	3	4	5
Civils	2 10	2 80	1 60	2 30
Militaires	0 30	1 »	0 30	1 »

Les places dans lesquelles les allocations sont celles des colonnes (2) et (3) sont : Billancourt, Meudon, Mont-Valérien, Paris, Puteaux, Saint-Denis, Sevran-Livry, Vanves et Vincennes.

2° Des allocations proportionnelles aux nombres de journées de maladie probables, calculées d'après les effectifs de chaque âge et les taux de morbidité correspondants, arrêtés par décision ministérielle. Il est alloué 0 fr. 65 pour chacune de ces journées probables de maladie.

Les effectifs sont ceux qui figurent sur les contrôles de l'établissement le premier jour du trimestre auquel les allocations se rapportent.

Sont considérées pendant toute la période du 1er janvier au 31 décembre comme ayant un âge déterminé, les personnes qui auront atteint cet âge avant le 1er janvier de la période considérée.

Art. 7. Les masses particulières pourront en outre recevoir, sur décisions ministérielles spéciales, les allocations nécessaires pour faire face à des dépenses exceptionnelles résultant notamment de cas de force majeure ou d'extension du service d'assistance.

Art. 8. Les dispositions du présent décret entreront en vigueur le 1er janvier 1913.

Art. 9. Le Ministre de la guerre et le Ministre des finances sont chargés, chacun en ce qui le concerne, de l'exécution du présent décret qui sera publié au *Journal officiel* de la République française.

Fait à Paris, le 7 décembre 1912.

A. FALLIÈRES.

Par le Président de la République :

Le Ministre de la guerre,
A. Millerand.

Le Ministre des finances,
L.-L. Klotz.

Instruction C pour l'application de l'article 19 *du décret du* 26 *février* 1897.

Paris, le 8 avril 1913.

DISPOSITIONS GÉNÉRALES.

Objet et fonctionnement général du service.

Art. 1er. Les soins médicaux et les médicaments sont donnés gratuitement dans des conditions déterminées par la présente instruction au personnel civil de direction et d'exploitation (1) figurant sur les contrôles de l'établissement, y compris les apprentis, quelle que soit l'origine de la maladie. Cette mesure ne s'étend pas à la famille de l'intéressé.

Le service visé à l'alinéa précédent est placé sous la surveillance technique des directeurs du service de santé des corps d'armée.

Les ouvriers qui résident en dehors du périmètre médical défini à l'article 16 ci-après renoncent, de ce fait, à l'assistance médicale et pharmaceutique et aux allocations des salaires ou portions de salaires en cas de maladie.

Le service qui a pour objet d'assurer les soins médicaux et de procurer les médicaments au personnel est, conformément à l'article 39 de la loi de finances du 27 février 1912, placé sous le régime de l'abonnement et fonctionne sous le nom de masse d'assistance en cas de maladie dans les conditions indiquées dans l'instruction C_1 du 8 avril 1913. Il est soumis, dans toutes ses parties, à l'inspection des fonctionnaires du corps du contrôle de l'administration de l'armée.

Conventions. — Marchés.

Art. 2. Pour assurer l'exécution du service, il est passé des conventions avec des médecins, des dentistes, des sages-femmes, des pharmaciens, des propriétaires d'établissements de bains, etc. Ces contrats sont préparés par les commissions d'administration des masses d'assistance; ils sont, à moins de circonstances spéciales dont il sera rendu compte au Ministre, établis conformément aux modèles annexés à la présente instruction (annexe I).

Si, dans une ville, plusieurs établissements militaires, ressortissant à des services différents, emploient du personnel civil, les conventions et marchés sont étudiés en conférences par des représentants de ces divers services.

Ces contrats sont envoyés par le chef de service qui a présidé à leur élaboration au directeur du service de santé du corps d'armée, qui les transmet pour approbation au Ministre, en faisant connaître son avis.

---

(1) Pour faciliter le langage, ce personnel sera souvent, dans ce qui va suivre, dénommé « ouvriers »; cette expression englobera donc tout le personnel visé au premier alinéa.

TITRE Ier.

ORGANISATION DU SERVICE.

Personnel, locaux, matériel, moyens d'exécution.

A. — Service médical.

Personnel médical.

Art. 3. Le personnel chargé d'assurer le service médical comprend, en principe : 1° des médecins militaires; 2° des médecins civils; 3° des sages-femmes; 4° des dentistes; 5° un ou deux ouvriers détachés à titre d'aides auprès des médecins.

Deux tableaux figurant à l'annexe II à la présente instruction font connaître les localités dans lesquelles le service médical est confié à des médecins militaires ou à des médecins civils. Ces fixations peuvent être modifiées par décision ministérielle.

Des décisions particulières règlent les conditions d'exécution du service médical pour le personnel civil qui sera employé en dehors des localités consignées dans ces tableaux. Des propositions motivées sont présentées à ce sujet au Ministre, dans chaque cas particulier, par les services compétents.

Médecins militaires.

Art. 4. Les médecins militaires sont, en principe, des médecins-majors et, exceptionnellement, des médecins aides-majors de la garnison. Ils sont désignés, dans chaque place, par le général commandant le corps d'armée, sur la proposition du directeur du service de santé de ce corps d'armée.

La durée de leurs fonctions est d'un an au minimum.

Il est désigné, dans chaque place, un nombre de titulaires suffisant pour assurer le service et, quand il est possible, des suppléants; ces derniers succèdent, en principe, aux titulaires.

Le commandant d'armes règle, après avis des chefs d'établissements et des chefs de corps ou des services intéressés dont relèvent les médecins désignés, les détails d'exécution du service et, en particulier, les conditions dans lesquelles seront données les consultations et faites les visites de jour et de nuit à domicile.

Le chef d'établissement fait mettre, quand il est nécessaire, à la disposition des médecins, des moyens de transport spéciaux.

En cas d'insuffisance momentanée du personnel médical militaire, le directeur du service de santé rend compte au général commandant le corps d'armée. En cas d'urgence, cet officier général prescrit au directeur de convoquer des médecins de réserve ou de l'armée territoriale. A défaut de médecins de ces catégories, le général requiert des médecins civils, qui reçoivent alors les indemnités fixées par la notice 2 (*B. O.*, vol. 80, p. 198).

Médecins civils et sages-femmes.

Art. 5. Les médecins civils sont agréés par le Ministre sur la proposition du chef de service et après avis du directeur du service de santé.

Les conventions font connaître, d'une part, les honoraires de ces praticiens; d'autre part, le service qui leur incombe. Si le titulaire de la convention devient indisponible, il en prévient le chef d'établissement et fait agréer, en même temps, pour le remplacer, un médecin dont les honoraires restent à sa charge.

En principe, les accouchements sont pratiqués par des sages-femmes agréées par le Ministre et avec lesquelles sont passées des conventions. Les sages-femmes sont, d'ailleurs, juges des cas dans lesquels l'intervention d'un docteur en médecine est nécessaire : dans ce cas, elles font appeler le médecin attaché à l'établissement.

Des conventions pourront être passées avec des dentistes; mais seulement pour les soins à donner à la bouche et l'avulsion des dents, à l'exclusion de toute fourniture se rapportant à la prothèse dentaire.

Dans les localités où certaines affections seraient assez fréquentes pour nécessiter le recours à un médecin spécialiste, les chefs d'établissements pourront être autorisés par le Ministre à passer les conventions nécessaires après avoir obtenu, au préalable, un avis favorable du directeur du service de santé du corps d'armée.

Rôle des médecins.

Art. 6. Les médecins de l'administration, qu'ils soient civils ou militaires, ont deux rôles essentiellement distincts à remplir; ils sont tout à la fois médecins traitants et médecins de contrôle. Ils ne doivent donc pas perdre de vue que l'une de leurs obligations essentielles est de prévenir et d'empêcher les abus en matière d'absence sous prétexte de maladie.

Lorsqu'un ouvrier se fait soigner par un médecin autre que

celui agréé par l'administration, ce dernier doit visiter le malade et se borner à constater son état pour renseigner le chef d'établissement; lui seul a, en principe, qualité pour fixer la date à laquelle l'ouvrier doit reprendre son service. Le médecin dont l'ouvrier a fait choix ne peut établir d'ordonnances médicales donnant droit à la gratuité des médicaments que lorsque l'indisponibilité résulte d'un accident du travail.

Ouvriers désignés comme aides.

Art. 7. Un ou deux ouvriers ou ouvrières, choisis parmi ceux qui sont les plus aptes à remplir les fonctions d'aides, et, s'il se peut, anciens infirmiers civils ou militaires, sont désignés pour seconder le médecin dans son service à l'établissement; ils sont instruits par lui.

Ils sont chargés de l'entretien des postes de secours et de la salle de consultation. Ils ne doivent faire aucune opération en dehors de la présence du médecin; toutefois, en cas d'urgence, ils donnent les premiers soins aux malades et aux blessés en attendant l'arrivée de ce praticien. Ils reçoivent une consigne qui est affichée à la salle de visite et qui leur rappelle les précautions indispensables qu'ils doivent prendre pour remplir convenablement leur mission. Ils sont initiés avec le plus grand soin à la pratique des procédés dont l'emploi s'impose pour réaliser la parfaite propreté et la désinfection de leurs mains, des instruments de chirurgie et autres et des objets de pansement.

Dans les établissements désignés par le Ministre, un des aides reste en permanence au poste de secours, même pendant la nuit, s'il en reçoit l'ordre; il est, dans ce dernier cas, logé dans l'établissement.

Les aides non permanents reprennent leurs travaux habituels lorsque leur service spécial d'aides est terminé; en cas d'accident, ils se rendent immédiatement au poste de secours.

Les aides permanents ou temporaires sont chargés de tenir les écritures simples et journalières du service de caractère non confidentiel, sous la surveillance et la responsabilité du médecin. Ces écritures ne comportent jamais la rédaction des ordonnances médicales, même sous la dictée du médecin, ni les inscriptions prévues à l'article 15 sur le registre des consultations médicales (modèle n° 3, annexe IV), ni celles prévues à l'article 13 sur le registre d'examen médical (modèle n° 1, annexe IV).

Locaux. — Ameublement.

Art. 8. Chaque établissement possède une salle de consultation, qui sert en même temps de poste de secours. Lorsque la multiplicité ou la dispersion des ateliers le commande, on établit autant de postes de secours qu'il est nécessaire.

Certains établissements, éloignés de tout centre pourvu de ressources hospitalières et désignés par le Ministre sur la proposition des chefs d'établissements, seront, en outre, pourvus d'une infirmerie comprenant le nombre de lits nécessaires pour soigner, jusqu'à ce que leur transfèrement soit possible, les ouvriers victimes d'accidents du travail.

Les salles de consultation comprennent, en principe, une salle d'attente, une salle de visite et un cabinet pour le médecin, communiquant entre eux, bien aérés, bien éclairés et munis d'appareils de chauffage. Elles sont pourvues d'armoires fermant à clef et destinées à recevoir l'approvisionnement médical et d'une armoire spéciale pour les poisons (1). Elles sont garnies de tables, de sièges, d'étagères et d'une couchette ou d'un brancard avec support-brancard (2). Une amenée d'eau avec robinet lavabo et vidoir, ainsi qu'un réchaud à gaz, y sont installés. On doit y trouver affiché le placard réglementaire interdisant de conserver et de distribuer dans des bouteilles à vin les liquides toxiques même en solution très étendue.

Composition et constitution du matériel.

Art. 9. Le matériel médical dont est dotée la salle de consultation comprend essentiellement une trousse de médecin, une trousse d'infirmier, une boîte pour l'avulsion des dents, les objets de pansement en usage dans les infirmeries régimentaires, ainsi que les médicaments nécessaires pour les interventions urgentes en cas d'accident ou d'indisposition subite et dont le médecin traitant dresse la nomenclature. Ce matériel comprend, en outre, certains objets qui sont susceptibles d'être employés successivement par plusieurs malades, par exemple des thermomètres médicaux, des attelles, gouttières, etc. (voir annexe III, tableau B).

Dans le cas où la loi du 21 germinal an XI autorise la déli-

---

(1) Le médecin détient seul la clef de l'armoire aux poisons, dont un double est entre les mains du chef d'établissement.

(2) Support-brancard (grand modèle) pour table d'opérations n° 62-156 de la nomenclature du matériel du service de santé.

vrance des médicaments par les médecins traitants et dans celui où l'établissement compte dans son effectif des pharmaciens militaires, les approvisionnements de médicaments sont aussi développés qu'il est nécessaire.

Les approvisionnements sont tirés des magasins de la guerre ou des hôpitaux militaires. Ils sont constitués et remis à hauteur, à charge de remboursement, au moyen de demandes trimestriellement établies comme il est dit à l'article 21. Ces demandes, visées par le chef d'établissement, sont adressées au directeur du service de santé du corps d'armée, qui s'assure que les quantités sont en rapport avec les besoins et l'effectif de l'établissement. Dans cet examen, il n'est pas lié par le maximum des quantités de chaque médicament dont la délivrance est autorisée pour les besoins trimestriels des infirmeries régimentaires.

Le remboursement de la valeur du matériel et des médicaments cédés par le service de santé est fait par voie de versement au Trésor (1).

B. — Service pharmaceutique.

Pharmaciens civils. — Médicaments.

Art. 10. Sauf l'exception prévue à l'article 9 ci-dessus, les prescriptions formulées par les médecins, soit dans leurs visites à domicile, soit à la consultation, sont exécutées et fournies par des pharmaciens civils.

Les pharmaciens auxquels le personnel doit obligatoirement s'adresser pour recevoir gratuitement les médicaments et objets de pansement portés sur les ordonnances médicales sont, au préalable, agréés par le Ministre.

Les marchés passés avec eux font connaître toutes les clauses qui les engagent vis-à-vis de l'administration militaire.

Le tarif qui sert de base aux offres des pharmaciens est, dans tous les établissements, le tarif de la guerre dont les prix sont ceux du tarif de la Société de prévoyance des pharmaciens de la Seine, à l'usage des sociétés de secours mutuels (tarif Labeylonie) (voir annexe III).

Les marchés peuvent prévoir des rabais distincts pour les préparations magistrales, pour les spécialités et pour les eaux minérales.

---

(1) Article 48 de l'instruction du 30 décembre 1902 sur la comptabilité-matières et article 26 du règlement du 3 avril 1869; notice n° 26 du règlement sur le service de santé.

Appareils prothétiques.

Art. 11. Les appareils prothétiques de première nécessité et les bandages énumérés dans la nomenclature annexée à la présente instruction, sont fournis gratuitement au personnel (annexe III, tableau A).

La livraison de ces appareils est faite par les soins du service de santé dans les villes où il existe un hôpital militaire. Dans les autres villes, les services intéressés traitent avec un orthopédiste ou un pharmacien de la ville ou d'une localité voisine, en s'efforçant d'obtenir des prix inférieurs à ceux qui figurent dans la nomenclature susvisée et qui doivent être considérés comme des maxima.

Pour les appareils fournis par le service de santé, le remboursement de leur valeur est effectué par voie de versement au Trésor.

On se conformera rigoureusement pour l'établissement des demandes d'appareils à fournir par le service de santé, aux indications (prise de mesures, moulage, croquis) données dans les carnets d'appareils prothétiques et par la nomenclature du service de santé du 13 août 1899.

Bains thérapeutiques.

Art. 12. Les marchés passés avec des établissements de bains règlent les conditions dans lesquelles doivent être fournis les bains ordonnés à titre thérapeutique, qui sont les seuls que puissent prescrire les médecins traitants. L'ouvrier porteur d'une ordonnance médicale prescrivant un bain ne pourra prendre livraison de cette fourniture qu'en présentant sa carte médicale au titulaire du marché.

TITRE II.

EXÉCUTION DU SERVICE.

A. — Service médical.

Visite médicale d'admission et visites facultatives en cas de licenciement.

Art. 13. Les candidats à l'emploi d'ouvrier civil dans les établissements de la guerre sont soumis à une visite médicale dont les résultats sont consignés sur un registre conforme au modèle n° 1 (annexe IV) de la présente instruction, et dénommé « Registre d'examen médical des candidats et des ouvriers licenciés par manque de travail ». Ce registre est tenu par le médecin lui-même.

La visite médicale a pour but de constater, au moment de l'embauchage, l'état physique des postulants et de reconnaître s'il existe chez eux soit une infirmité, soit une prédisposition morbide. Elle permet d'éliminer les candidats de constitution trop faible et ceux qui sont atteints d'une maladie incompatible avec l'emploi d'ouvrier; elle constate, pour les autres, l'aptitude à l'admission en tenant compte des affections qu'ils peuvent présenter et qui ne seraient pas de nature à nécessiter leur élimination.

Cette visite est passée dans l'établissement par un médecin militaire. Si, par exception, il n'en peut être ainsi, elle est passée par un médecin civil agréé par l'autorité militaire. Le médecin traitant est toujours présent à cette visite; il donne à son collègue qui la passe tous les renseignements nécessaires, mais son rôle est purement consultatif.

Le médecin qui passe la visite agit en qualité d'expert médical; il spécifie la validité physique du candidat ou la nature des infirmités ou des prédispositions dont il est atteint, mais, dans aucun cas, il ne détermine la spécialité ou l'importance du travail à confier à l'ouvrier; il se borne à déclarer si l'intéressé est « apte » ou « inapte » au service de l'établissement.

Si l'ouvrier est déclaré « inapte », le chef de l'établissement ne peut pas l'embaucher; si, au contraire, il est reconnu « apte », le chef de l'établissement ne peut pas se fonder sur des raisons de santé pour ne pas l'admettre, mais il peut se refuser à l'embaucher pour d'autres raisons : insuffisance de son essai, par exemple, ou tout autre motif.

Suivant que le médecin a reconnu le candidat apte ou inapte, il le fait figurer à la première ou à la deuxième partie du registre d'examen médical des candidats : il ne doit pas mentionner à la deuxième partie le diagnostic qui a motivé la déclaration d'inaptitude; il ne doit pas non plus le faire connaître au candidat. L'inscription à porter à la deuxième partie ne contiendra que la date de la visite, le nom de l'intéressé et la signature du médecin.

Le candidat déclaré apte signe le folio qui lui est affecté à la première partie du registre en même temps que le médecin. Le résultat de la visite médicale est porté à la connaissance du chef de l'établissement par la communication du registre.

En ce qui concerne les femmes, le médecin reste juge de l'importance de l'examen à leur faire subir; chacune d'elles peut se faire assister pendant cette visite d'une autre femme qu'elle désignera nominativement.

Tout candidat accepté en principe par le chef de l'établissement ne pourra être définitivement embauché qu'après avoir été préalablement revacciné; il ne sera dérogé à cette prescription que si l'intéressé présente un certificat établi par un docteur en médecine et dûment légalisé, constatant qu'il a subi avec succès une revaccination dont la date sera indiquée et qui ne saurait être, en tout cas, antérieure à une période de huit ans.

Les ouvriers qui sont licenciés d'un établissement par suite de réduction de travail sont admis, sur leur demande, à se faire visiter comme s'il s'agissait d'une visite d'admission, en vue de faire constater, s'il y a lieu, leurs infirmités; il leur est délivré un certificat mentionnant le résultat des constatations médicales. Lorsqu'ils sont appelés pour être réembauchés, si les appréciations données par le médecin qui passe la nouvelle visite ne décèlent pas qu'une aggravation soit survenue dans leur état physique depuis leur licenciement, on ne peut se refuser à les déclarer aptes au service dans les établissements où le travail est analogue à celui qui est pratiqué dans celui qu'ils ont quitté.

Service général des médecins traitants.

Art. 14. L'exécution du service médical comporte :

1° La consultation à l'établissement;
2° Les visites à domicile;
3° L'établissement des ordonnances médicales;
4° L'envoi éventuel à l'hôpital des ouvriers blessés dans un accident résultant du service et des ouvriers malades qui doivent subir une opération qui ne peut être pratiquée à leur domicile;
5° L'envoi éventuel des ouvriers dans une station d'eaux minérales;
6° L'établissement des certificats techniques;
7° La tenue des registres réglementaires et l'établissement des demandes de matériel et de médicaments;
8° La rédaction du rapport annuel sur l'état sanitaire.

Chaque convention médicale fait connaître les différentes parties de ce service qui incombent à son titulaire.

Consultation à l'établissement.

Art. 15. Une carte numérotée destinée à constater l'identité et les droits aux soins médicaux gratuits est remise à chaque ouvrier le jour même de son embauchage; elle mentionne son adresse et doit être restituée par son détenteur au moment où il quitte définitivement l'établissement.

Tout ouvrier doit être porteur de sa carte médicale lorsqu'il se présente à la consultation.

Il est tenu en deux expéditions un répertoire des cartes médicales délivrées; l'une est remise au médecin traitant. Ce répertoire doit être tenu avec le plus grand soin et les adresses mises régulièrement à jour (modèle n° 2, annexe IV).

A son arrivée à l'établissement, le médecin reçoit la liste des ouvriers consultants; il fait inscrire par un aide leurs noms sur le registre des consultations médicales.

Ce registre (modèle n° 3, annexe IV) constitue une pièce importante de contrôle et doit être tenu avec le plus grand soin.

En regard du nom de chaque consultant, le médecin inscrit lui-même :

1° Le diagnostic en abréviation ou en signes conventionnels;

2° Ses décisions, qui sont l'une des suivantes :

a) Exempt de travail ou d'une partie du travail;

b) A visiter à domicile;

c) Consultation, lorsque l'ouvrier examiné est reconnu capable de faire son service;

3° La durée de l'exemption de travail : celle-ci ne doit pas, en principe, dépasser quatre jours, à l'expiration desquels l'ouvrier, s'il n'est pas guéri, se présente de nouveau au médecin. Celui-ci peut, s'il le juge nécessaire, faire venir à la consultation l'ouvrier bien qu'exempté de service.

4° La nature du pansement à appliquer.

Les médicaments font l'objet d'ordonnances médicales à moins que l'établissement fasse partie de ceux dans lesquels les médecins sont autorisés, par la loi du 21 germinal an XI, à délivrer des médicaments. Dans ce dernier cas, les médecins prélèvent les médicaments sur les approvisionnements ou bien ils en font l'objet d'ordonnances médicales pour les produits nécessaires qui n'existent pas à l'établissement.

La consultation doit toujours avoir lieu en dehors de la présence des aides du médecin, à moins que ce dernier juge leur présence indispensable.

Lorsque la consultation est terminée, le médecin signe un relevé des ouvriers qui se sont présentés (modèle n° 4, annexe IV);

il signale ceux qui sont exemptés de service; il indique la durée de cette exemption et mentionne les ouvriers dont les maladies, entraînant incapacité de travail, peuvent, à son avis, résulter du service. Cette mention ne doit pas figurer sur le registre des consultations.

Le relevé est envoyé, à toutes fins utiles, au chef de l'établissement; celui-ci vise, tous les mois, le registre des consultations médicales.

Visites à domicile.

Art. 16. L'autorité militaire ne pouvant assurer le service médical à domicile que si les ouvriers ne se mettent pas, en habitant à des distances exagérées, hors d'état d'en bénéficier, les visites à domicile ne sont dues que dans un périmètre dit « périmètre médical » fixé par le directeur du service de santé, sur la proposition des chefs d'établissement réunis en conférence.

Les visites à domicile sont faites soit lorsqu'en cours de maladie elles ont été reconnues nécessaires par le médecin, soit lorsqu'elles sont demandées par des ouvriers assez malades pour ne pouvoir se rendre à la consultation à l'établissement. Le chef d'établissement règle les mesures à prendre pour mettre le médecin à même d'assurer ce service.

Lorsque les circonstances le permettent, on procède de la manière suivante : autant que possible, avant 7 heures du matin, l'ouvrier fait déposer sa carte dans une boîte aux lettres spéciale, installée bien en évidence à l'emplacement fixé par un ordre du chef de l'établissement. La levée des cartes est faite par un aide qui les remet, avant 10 heures, au médecin; celui-ci connaît ainsi le nom et l'adresse des ouvriers qu'il est tenu de visiter le jour même.

Les cartes qui seraient déposées après 10 heures du matin lui sont transmises le jour même, mais les visites, sauf les cas d'urgence signalés, pourront être effectuées soit ce jour, soit le lendemain matin.

Sauf lorsque les conventions le prévoient, les ouvriers ne doivent pas se présenter aux consultations que le médecin donne chez lui; ils ne doivent le faire appeler à leur domicile qu'en cas de réelle nécessité.

Le chef de l'établissement règle, de concert avec le médecin traitant, le mode d'exécution des visites de nuit, qui ne doivent être faites ou demandées qu'en cas de maladie grave ou subite et paraissant nécessiter des soins immédiats.

Le médecin tient état des ouvriers qu'il visite à domicile et du nombre de visites qu'il fait à chacun d'eux. Après la première visite, il adresse au chef de l'établissement la première partie du bulletin extrait du carnet à souche des visites à domicile, modèle n° 5, annexe IV; il fait connaître, en même temps, si la maladie entraînant incapacité de travail qu'il a constatée peut, à son avis, résulter du service. Ce bulletin, tenant lieu de registre médical et mentionnant le diagnostic de la maladie, doit être envoyé sous enveloppe. Lorsque le malade est reconnu apte à reprendre son service, le médecin en informe le chef d'établissement en lui adressant la deuxième partie du bulletin extrait du même carnet à souche, après y avoir inscrit la date à laquelle l'ouvrier doit rentrer.

Tout médicament prescrit aux visites à domicile est délivré, sur ordonnance, par un pharmacien agréé. En principe, les objets de pansement prescrits à l'usage des ouvriers visités à domicile sont tirés de l'approvisionnement constitué à l'établissement.

Ordonnances médicales.

Art. 17. Les médecins ne doivent délivrer d'ordonnances médicales qu'aux personnes qui y ont droit et dont l'état de maladie nécessite réellement une prescription médicamenteuse ou autre. Toutes les prescriptions du médecin traitant sont établies sur un folio détaché d'un carnet à souche portatif (modèle n° 6, annexe IV). En tête de chacun des folios sont imprimés un numéro d'ordre, l'indication de l'établissement et celle de la localité; au-dessous, le médecin inscrit le nom de l'ouvrier auquel l'ordonnance est destinée; il formule, date et signe. Il reporte ensuite à la souche de même numéro d'ordre, le nom de l'ouvrier et la date.

Chacun des feuillets du carnet est suivi d'un duplicata portant un numéro bis; entre les deux, le médecin intercale une feuille de papier à copier, de façon à obtenir le double de l'ordonnance médicale. Ce duplicata est conservé par le malade, qui est tenu de le présenter au médecin lors de la consultation ou de la visite suivante. Ces duplicata ne peuvent servir à toucher des médicaments : seules, les ordonnances originales sont acceptées par les pharmaciens.

Il peut arriver exceptionnellement que le médecin soit obligé d'établir ses prescriptions sur papier libre. Dans ce cas, l'ordonnance ainsi libellée doit porter la mention « Provisoire »; dans les quarante-huit heures qui suivent, le médecin établit une ordonnance identique, mais du modèle réglementaire, qu'il fait remettre au chef de l'établissement, qui la fait échanger chez le pharmacien contre l'ordonnance provisoire, qui est détruite.

Le médecin régularise les ordonnances sur papier libre que les sages-femmes, agréées par le Ministre, sont autorisées à établir dans les conditions prévues à l'article 23 ci-après. En cas d'abus constatés dans les prescriptions de cette nature, il en rend compte au chef de l'établissement.

Il est absolument interdit au médecin traitant d'accorder au personnel des bains de propreté; seuls, les bains thérapeutiques pourront figurer sur des ordonnances médicales.

En aucun cas, les médecins ne pourront régulariser après coup, par une ordonnance médicale, des livraisons de médicaments ou objets faites par les pharmaciens sans ordonnance du médecin.

Les bains thérapeutiques font l'objet d'ordonnances spéciales; lorsque le médecin croit devoir prescrire une série de bains ou douches, il délivre à l'ouvrier autant d'ordonnances qu'il devra y avoir de séances hydrothérapiques. Le maximum des séances que le médecin peut prescrire à chaque malade est de quatre par consultation ou visite à domicile.

Hospitalisation.

Art. 18. Lorsque, à la suite d'un accident survenu par le fait ou à l'occasion du travail, un ouvrier se trouve dans le cas d'être hospitalisé, le médecin traitant rend compte au chef de l'établissement, qui prend les mesures nécessaires pour faire entrer l'ouvrier à l'hospice civil de la localité.

En dehors des cas qui rentrent dans les charges afférentes à l'application de la loi du 0 avril 1808 sur les accidents du travail, les ouvriers pourront être hospitalisés dans un établissement d'assistance publique lorsqu'ils auront à subir une opération chirurgicale qui ne peut être pratiquée à leur domicile. Pendant la durée du traitement, dont les frais sont, en principe, à la charge de l'administration, les intéressés recevront des salaires de maladie égaux à ceux qu'ils auraient touchés s'ils avaient été soignés à domicile.

Toutefois, si, pour convenances personnelles, l'ouvrier à traiter se faisait soigner à l'hospice dans une chambre particulière ou dans une clinique spéciale, il recevrait, outre son salaire de maladie, une indemnité égale à la dépense qu'aurait occasionnée son traitement dans les salles communes de l'établissement d'assistance publique et toutes les dépenses faites resteraient à sa charge.

Envoi dans une station d'eaux minérales.

Art. 19. L'usage des eaux minérales n'est accordé gratuitement que par le Ministre et dans les conditions ci-après :

L'envoi d'un ouvrier aux eaux minérales ne peut être demandé qu'en mettant à l'appui de la proposition un certificat médical du médecin traitant, constatant la nécessité de ce traitement, et un certificat attestant que l'infirmité est la conséquence d'un accident du travail ou d'une affection occasionnée par le service spécial de l'intéressé dans un établissement de la guerre. Le dossier de proposition doit être accompagné, en outre, de l'avis du médecin-chef de l'hôpital militaire ou de l'hospice mixte de la garnison où se trouve l'établissement militaire auquel appartient l'intéressé et de celui du directeur du service de santé. A défaut d'hôpitaux de ces catégories, l'avis du directeur du service de santé du corps d'armée seul est nécessaire.

Le Ministre n'accordera l'usage gratuit des eaux minérales que s'il ressort expressément des pièces du dossier, savoir :

1° Que l'affection ou l'infirmité dont l'ouvrier est atteint est de la nature de celles que les eaux minérales naturelles près desquelles il s'agit de l'envoyer peuvent soulager ou guérir;

2° Que les moyens ordinaires de traitement ont été employés contre cette affection pendant un temps suffisant et sans succès.

Les stations d'eaux minérales sur lesquelles les intéressés peuvent être dirigés sont les suivantes :

Eaux sulfureuses..........	Ax-les-Thermes. Luchon.
Eaux salines chaudes......	Bourbonne-les-Bains. Bourbon-l'Archambault.
Eaux sulfurées et sulfatées, sodiques.	Aix-les-Bains. Plombières.

La durée du traitement thermal ne peut être supérieure à trente jours.

Lorsque le médecin traitant juge que l'envoi d'un ouvrier dans une station d'eaux minérales est indispensable comme complément du traitement à la suite d'un accident ou d'une maladie résultant du service, c'est au chef de l'établissement qu'il appartient de soumettre aux médecins-chefs des hôpitaux militaires ou des hospices mixtes, les propositions appuyées des certificats visés ci-dessus. Celles-ci sont transmises ensuite au Ministre (Direction du Contentieux et de la Justice militaire, 4e Bureau, Questions ouvrières) par l'intermédiaire du directeur du service de santé. S'il y a désaccord entre les autorités compétentes, le Ministre soumet le dossier au comité consultatif de santé; en cas de décision favorable, il s'entend avec les établissements hospitaliers désignés pour recevoir le personnel civil des établissements de la guerre. Il ne sera donné satisfaction aux propositions faites que dans la limite des places disponibles et d'après l'ordre d'urgence des demandes.

L'ouvrier désigné pour se rendre à une station d'eaux minérales reçoit le montant de son voyage (aller et retour) en 3e classe sur les voies ferrées et, pendant son séjour, il continue à percevoir la fraction de salaire à laquelle lui donne droit l'article 3 de la loi du 9 avril 1898, s'il s'agit d'un accident du travail, ou l'article 19 du décret du 26 février 1897, s'il s'agit d'une maladie résultant du service.

Certificats techniques.

Art. 20. Lorsqu'il est reconnu qu'une maladie interne ou qu'une affection traumatique entraînant incapacité de travail résulte du service, la constatation en est faite, à la demande de l'intéressé, dans les formes indiquées à l'instruction D du 17 juin 1905 pour l'application dans les établissements militaires de la loi du 9 avril 1898 sur les accidents dont les ouvriers sont victimes dans leur travail.

Le médecin traitant intervient dans cette constatation comme expert pour préciser dans les certificats de visite, qui sont établis conformément au modèle n° 7, annexe IV, l'affection dont l'intéressé est atteint, et pour indiquer son avis sur la cause à laquelle, médicalement parlant, elle peut être rattachée. Il n'a pas à s'occuper de la réalité du fait de service auquel l'affection est attribuable : celle-ci doit être attestée par des témoins compétents dans des certificats d'origine de blessure modèle n° 8, (annexe IV).

Tenue des registres réglementaires.

Art. 21. Les médecins traitants doivent tenir ou faire tenir, sous leur responsabilité et en se conformant aux prescriptions indiquées dans la présente instruction, les registres et documents suivants, savoir :

1° Exceptionnellement, le registre d'examen médical des candidats ouvriers, modèle n° 1;

2° Registre des consultations médicales, modèle n° 3;

3° Relevé des consultations, modèle n° 4;

4° Carnet à souche portatif des visites médicales à domicile, modèle n° 5;

5° Carnet à souche portatif d'ordonnances médicales, modèle n° 6;

6° Registre des entrées et sorties du matériel du service de santé, modèle n° 9.

Tous les trois mois, les médecins traitants établissent en deux expéditions et séparément pour le matériel et les médicaments, des demandes destinées à remettre à hauteur les approvisionnements qui doivent être constitués à la salle de consultation. Ces demandes sont établies conformément aux prescriptions de l'article 76 du règlement sur le service de santé à l'intérieur et à celles de l'instruction du 13 août 1899 (*B. O.* 83, p. 274). Les médecins ne sont d'ailleurs pas liés par les maxima portés dans les tableaux annexés à l'instruction précitée; ils doivent seulement s'astreindre à ce que leurs demandes soient en rapport avec les besoins probables de l'établissement pendant le trimestre suivant.

Rapport annuel sur l'état sanitaire.

Art. 22. Les médecins traitants doivent, à la fin de chaque année, établir un rapport médical conforme au modèle n° 10, annexe IV, faisant ressortir l'état sanitaire du personnel civil d'exploitation pendant l'année. Ce rapport est établi avant le 1er février de l'année suivante en deux expéditions; la première est envoyée par le chef d'établissement au directeur du service de santé du corps d'armée, qui la transmet, avec son avis personnel, au Ministre (Direction du Contentieux et de la Justice militaire, 4e Bureau, Questions ouvrières); la seconde expédition est conservée dans les archives de l'établissement.

Le modèle n'est qu'un canevas auquel les médecins pourront faire toutes les additions qu'ils jugeront nécessaires ou simplement utiles.

Service des sages-femmes.

Art. 23. Ce sont les sages-femmes agréées par le Ministre qui procèdent, en principe, à l'accouchement des ouvrières; celles-ci peuvent les faire demander directement à leur domicile, à condition de rendre compte dans les vingt-quatre heures au chef de l'établissement.

Les sages-femmes sont autorisées à établir sur papier libre des ordonnances médicales comprenant les médicaments et les objets de pansement nécessaires pour l'opération de l'accouchement et les soins subséquents qu'elles sont tenues, d'après leurs conventions, de donner à l'accouchée. Elles en envoient, dans les quarante-huit heures, un double au chef de l'établissement en indiquant le nom du pharmacien qui a fait la fourniture et qui doit être un de ceux avec lesquels il a été passé une convention. Ces ordonnances sont ensuite établies sur des feuillets du carnet à souche du modèle n° 6, homologuées par le médecin traitant, puis échangées chez le pharmacien contre l'ordonnance provisoire établie sur papier libre.

Les sages-femmes ont la faculté de faire appeler directement le médecin traitant quand elles estiment que son intervention est nécessaire.

Service des dentistes et des médecins spécialistes.

Art. 24. L'exécution de la partie du service qui incombe aux dentistes et aux médecins spécialistes est assurée dans les conditions indiquées dans les conventions passées à cet effet.

B. — Service pharmaceutique.

Service des pharmaciens.

Art. 25. Pour avoir droit à la gratuité des médicaments, les ouvriers doivent s'adresser aux pharmaciens avec lesquels sont passés des marchés.

En principe, aucune délivrance de médicaments ne peut avoir lieu que sur la présentation par l'ouvrier d'une ordonnance établie sur un folio du carnet à souche modèle n° 6. Toutefois, en cas d'urgence, et exceptionnellement, les médecins traitants et les sages-femmes sont autorisés à formuler sur papier libre, et les pharmaciens à livrer; ces ordonnances médicales ont un caractère provisoire et elles doivent être échangées dans les quarante-huit heures contre d'autres du modèle réglementaire (voir art. 17 et 23).

Une même ordonnance médicale ne peut servir que pour une seule livraison et, en aucun cas, les pharmaciens ne doivent recevoir comme bons réguliers des ordonnances portant des numéros *bis*.

Les médicaments et les substances qui entrent dans les préparations magistrales doivent toujours être de première qualité.

Les récipients de toute nature ayant contenu des médicaments sont rendus aux pharmaciens par les ouvriers, en fin de traitement; il en est de même des bouchons de verre ou de métal. Les pharmaciens ne peuvent refuser les récipients pour défaut de nettoyage; ils ont à leur charge le papier à envelopper, les bouchons de liège, les boîtes en carton et, en général, tous les objets qui ne peuvent servir qu'une fois.

Les livraisons faites sont payées trimestriellement aux pharmaciens sur la production d'une facture en deux expéditions : la première faisant connaître, en regard du nom du malade, les numéros des ordonnances qui le concernent, leurs valeurs partielles et leur total; la seconde faisant connaître seulement la valeur totale de la fourniture. Ces deux pièces sont établies sur papier libre.

Sont rejetées d'office de la liquidation les ordonnances relatives à des médicaments ou à des fournitures qui ne figureraient pas sur le tarif de la guerre. Toute dose qui dépasserait le maximum porté audit tarif y serait ramenée d'office et décomptée d'après ce maximum.

Seront rejetées également de la liquidation les ordonnances médicales qui seraient signées par des médecins ou sages-femmes autres que les titulaires des conventions ou leurs suppléants agréés pour faire le service comme intérimaires et celles qui porteraient des numéros *bis*.

Dans le cas où il serait démontré qu'un pharmacien s'est livré ou prêté à des opérations illicites consistant, par exemple, à modifier une ordonnance médicale, à racheter des médicaments prescrits, ou à les échanger contre d'autres, le marché dont il est titulaire serait résilié de plein droit, sans préjudice des poursuites judiciaires qui pourraient lui être intentées, le cas échéant.

TITRE III.

SURVEILLANCE DU SERVICE.

Obligations des ouvriers malades à domicile.

Art. 26. Toutes les fois que leur état le permet, les ouvriers malades doivent prendre les conseils du médecin traitant à la consultation, et ce n'est qu'en cas d'impossibilité réelle qu'ils peuvent demander à être visités à domicile.

L'ouvrier qui serait absent au moment où le médecin viendrait lui faire une visite demandée serait privé de son indemnité de maladie pour un nombre de jours qui serait déterminé par le chef d'établissement sur la proposition de la commission d'administration de la masse d'assistance.

L'ouvrier malade à domicile est tenu de garder la chambre, sauf pendant les heures de sortie que le médecin traitant l'aura autorisé à passer au dehors, et qu'il aura indiquées sur un bulletin de sortie signé par lui et remis à l'intéressé. Ce bulletin doit rester au domicile du malade pour être présenté, le cas échéant, aux visiteurs. Les heures de sortie doivent être comprises entre 9 heures du matin et 3 heures de l'après-midi.

Il est interdit à tout malade à domicile de se rendre dans un café, un débit de boissons et plus généralement dans tous les lieux de plaisir. Il ne peut faire ni à son domicile, ni à l'extérieur, aucun travail rémunéré.

Service des visiteurs à domicile.

Art. 27. La surveillance des malades à domicile est exercée par les médecins traitants et par des agents visiteurs.

Les médecins doivent porter leur attention sur l'intérêt qu'il y a à réduire au minimum nécessaire le nombre des journées d'indisponibilité.

Les visiteurs sont choisis par le chef d'établissement parmi les agents civils dont les qualités morales offrent des garanties suffisantes.

Ces agents, porteurs d'une feuille d'émargement, se présentent, quand ils en reçoivent l'ordre, au domicile des malades, qui sont tenus de les recevoir. Si l'ouvrier est présent, il émarge vis-à-vis de son nom en indiquant l'heure de la visite. S'il est absent, mention de l'heure et de l'absence constatée est portée sur la feuille d'émargement par le visiteur, qui se fait présenter le bulletin d'autorisation de sortie délivré par le médecin traitant. S'il ne trouve personne au domicile du malade ou s'il ne lui est pas présenté de bulletin de sortie, il signale le fait dans son compte rendu.

Les visiteurs ne doivent jamais se départir de la plus extrême politesse vis-à-vis des ouvriers et de leurs familles, sous peine d'être passibles de mesures disciplinaires sévères.

L'ouvrier qui refuse de recevoir le visiteur ou qui est inconvenant avec lui s'expose à être, après enquête, privé de tout ou partie des avantages d'assistance comme il est prévu à l'article 28, sur la proposition de la commission d'administration de la masse d'assistance.

Lorsque plusieurs établissements sont réunis dans la même ville pour l'exécution du service d'assistance, les visiteurs désignés ont accès chez tous les ouvriers malades à domicile, qui appartiennent à ces divers établissements.

Sanctions.

Art. 28. Tout ouvrier malade qui ne se conformerait pas aux dispositions du dernier alinéa de l'article 26 et de celles de l'article 27 serait l'objet des mesures suivantes :

A la première infraction constatée, il subirait la retenue de son indemnité de maladie depuis la dernière visite de contrôle qui n'aurait donné lieu à aucune observation jusqu'au jour de la constatation de l'irrégularité commise.

A la seconde infraction constatée, il serait considéré comme ayant renoncé à bénéficier, pendant la maladie en cours et depuis la dernière infraction relevée, au bénéfice des dispositions de l'article 19 du décret du 26 février 1897; il serait, par suite, privé des soins médicaux, de la délivrance gratuite des médicaments et de l'indemnité de maladie.

La gratuité des soins médicaux et pharmaceutiques, ainsi que l'indemnité de maladie ne seront plus allouées pendant la maladie en cours et depuis la faute constatée à l'ouvrier qui aura été trouvé par un visiteur en état d'ivresse.

Il en sera de même pour celui qui aura reçu des blessures dans une rixe, lorsqu'il sera prouvé qu'il a été l'agresseur; enfin, pour celui qui aura été blessé dans une émeute à laquelle il aura pris une part volontaire.

TITRE IV.

DISPOSITIONS DIVERSES.

Groupement de plusieurs établissements.

Art. 29. Lorsqu'un établissement a des effectifs assez faibles pour que l'organisation d'un service spécial d'assistance en cas de maladie n'y soit pas justifié, cet établissement est rattaché à un autre établissement plus important situé, soit dans la même ville, soit dans une autre ville de la même région de corps d'armée et le service est assuré par celui-ci.

Personnel détaché.

Art. 30. En principe, le personnel civil détaché à titre permanent dans une ville autre que le siège de l'établissement auquel il appartient est rattaché pour l'assistance en cas de maladie à l'un des établissements de la région où le service est organisé. Si le rattachement de certains agents détachés présente des inconvénients, les intéressés sont traités dans des conditions spéciales arrêtées par le Ministre, ainsi qu'il est dit à l'article 3.

Groupements constitués.

Art. 31. Le tableau C de l'annexe II, jointe à la présente instruction, fait connaître les groupements constitués entre les différents établissements.

Le Ministre de la guerre,
Eug. ETIENNE.

ANNEXE I.

Modèles de conventions.

NUMÉROS des PIÈCES.	DÉSIGNATION DES PIÈCES.
1	Convention avec les médecins traitants (Modèle courant).
2	Convention avec les médecins traitants (Modèle à employer exceptionnellement).
3	Convention avec les sages-femmes.
4	Convention avec les pharmaciens.
5	Convention pour la fourniture de bains et douches.

• CORPS D'ARMÉE.

—

PLACE DE

Désignation du
ou
des établissements.

MODÈLE N° 1 (1).

Convention passée, en exécution de l'article 2 de l'instruction C du 8 avril 1913, pour l'application de l'article 19 du décret du 26 février 1897, entre l'Administration de la guerre, représentée par M. , et M. , docteur en médecine.

Entre :

M. (nom, grade, emploi), agissant au nom et pour le compte du Département de la guerre, d'une part;

Et M. , docteur en médecine, d'autre part,

Il a été convenu ce qui suit :

TITRE Ier.

DISPOSITIONS D'ENSEMBLE.

Obligations générales.

Art. 1er. M. le docteur s'engage à assurer le service médical dans les établissements énumérés à l'article 2 ci-après en se conformant :

Aux dispositions générales du décret du 26 février 1897, de l'instruction C du 8 avril 1913, de l'instruction D du 17 juin 1905, dont il déclare avoir pleine connaissance;

Aux ordres de détail du chef d'établissement;

Aux clauses particulières insérées dans la présente convention.

Les soins à donner comprennent le traitement des maladies internes ou externes, ainsi que les opérations chirurgicales qui peuvent être exécutées à l'établissement ou au domicile des malades, quelle que soit l'origine à laquelle il y ait lieu d'attribuer les maladies et les blessures.

---

(1) Ce modèle sera appliqué toutes les fois qu'on pourra obtenir des médecins l'acceptation du mode de fixation des honoraires indiqué à l'article 16; l'abonnement forfaitaire sera d'ailleurs fonction de l'importance du service.

Etablissements à desservir.

Art. 2. Les établissements auxquels appartient le personnel à traiter sont les suivants :

(Enumération des établissements.)

Personnes ayant droit aux soins médicaux.

Art. 3. Ont droit aux soins médicaux :

Normalement : 1° le personnel civil figurant sur les contrôles des établissements énumérés ci-dessus, ainsi que le personnel civil détaché, assisté par l'établissement, à l'exception des membres de leurs familles;

2° Les militaires détachés à la garde des mêmes établissements jusqu'au moment de leur évacuation sur l'infirmerie de leur corps ou sur un hôpital militaire;

Exceptionnellement, et dans les limites prévues à l'article 9 ci-après, certaines personnes étrangères au Département de la guerre.

Rôle des médecins.

Art. 4. Le médecin ne devra jamais perdre de vue qu'il a deux rôles essentiellement distincts à remplir; il est tout à la fois médecin traitant et médecin de contrôle. A ce dernier titre, l'une de ses obligations essentielles est de prévenir et d'empêcher les abus qui pourraient se produire en matière d'exemption de service sous prétexte de maladie.

En particulier, il signale au chef d'établissement les ouvriers qui l'auraient fait appeler de jour ou de nuit sans nécessité, ou pour donner des soins à des membres de leur famille, et ceux qui auraient prêté leurs cartes médicales à des personnes étrangères.

Définition de l'ensemble du service (1).

Art. 5. Le service comporte :

La consultation à l'établissement (art. 15 de l'instruction C);

Les visites à domicile (art. 16 de l'instruction C);

---

(1) Certains médecins ne sont pas chargés de la totalité du service; on rayera donc les rubriques qui se rapportent aux parties du service qui ne leur incombent pas.

L'établissement des ordonnances médicales (art. 17 de l'instruction C);

Les soins immédiats à donner aux ouvriers blessés dans un accident du travail et leur envoi éventuel à l'hôpital (art. 18 de l'instruction C);

L'envoi dans un établissement d'assistance publique des ouvriers qui doivent subir une opération chirurgicale qui ne peut être faite à leur domicile (art. 18 de l'instruction C);

L'envoi des ouvriers dans les stations d'eaux minérales (art. 19 de l'instruction C);

L'établissement des certificats techniques (art. 20 de l'instruction C);

La tenue des pièces et registres réglementaires, la préparation des demandes trimestrielles de matériel et de médicaments (art. 21 de l'instruction C);

La rédaction du rapport annuel sur l'état sanitaire (art. 22 de l'instruction C);

La présence aux visites médicales d'admission et à celles réclamées par les ouvriers licenciés (art. 13 de l'instruction C).

Enfin, quand il y sera invité, le médecin devra se rendre aux convocations qui lui seront adressées par le président de la commission d'administration de la masse d'assistance et fournir à cette commission toutes les explications qui lui seraient demandées au sujet du fonctionnement du service.

TITRE II.

DÉTAILS SUR L'EXÉCUTION DU SERVICE.

Consultation à l'établissement.

Art. 6. La consultation a lieu à (désigner l'établissement), tous les jours, excepté les dimanches et jours fériés (ou les de chaque semaine).

Visites à domicile. — Périmètre médical.

Art. 7. Les visites à domicile ne sont dues qu'aux ouvriers qui habitent dans l'intérieur du périmètre médical défini comme il suit : (description très exacte du périmètre médical).

Ces visites sont faites soit lorsqu'elles ont été reconnues nécessaires par le médecin lui-même, soit lorsqu'elles sont demandées par l'administration au moyen de l'envoi au médecin des cartes médicales des ouvriers malades, soit enfin exceptionnellement sur demande directe faite par les intéressés le jour ou la nuit en cas de maladie grave ou subite nécessitant une intervention médicale immédiate.

Les visites à domicile demandées par le moyen de l'envoi des cartes médicales sont faites dans les délais suivants :

Celles demandées avant 10 heures du matin, le jour même;

Celles demandées après 10 heures du matin, s'il est possible le jour même et au plus tard dans la matinée du lendemain.

Les visites urgentes de jour et de nuit demandées directement par les malades sont faites dans le plus bref délai.

Les comptes rendus réglementaires sont envoyés au chef d'établissement, comme il est dit dans l'instruction C.

Etablissement des ordonnances médicales.

Art. 8. Les ordonnances médicales sont établies par le médecin lui-même, dans les formes et conditions prévues à l'article 17 de l'instruction C.

Le médecin est tenu de ne porter sur ses ordonnances que les médicaments et objets divers prévus dans le tarif de la Guerre et de ne pas dépasser, par ordonnance et pour chaque article, les quantités maxima indiquées audit tarif.

Sous aucun prétexte, il ne peut ordonner des bains autres que ceux dits « thérapeutiques ».

Le médecin devra homologuer les ordonnances provisoires établies par les sages-femmes (art. 23 de l'instruction C) et faire remplacer par des ordonnances du modèle réglementaire les ordonnances provisoires qu'il aurait dû exceptionnellement établir lui-même (art. 17 de la même instruction).

En aucun cas, le médecin ne peut régulariser après coup, par une ordonnance médicale, des livraisons faites par les pharmaciens sans titre justificatif.

Ouvriers blessés. — Hospitalisation.

Art. 9. En cas d'accident ou d'explosion, le médecin se rendra sur les lieux, aussitôt que l'événement sera parvenu à sa connaissance, pour donner ses soins aux blessés appartenant à l'établissement.

Si des personnes étrangères à l'établissement étaient blessées du fait d'accidents fortuits provoqués par l'exécution du travail normal de l'établissement ou par des explosions, le médecin leur donnerait les premiers soins nécessaires et bornerait là son intervention.

Le médecin remplira toutes les formalités d'ordre médical exigées pour assurer aux ouvriers qui y auraient droit leur admission dans l'établissement d'assistance avec lequel il aura été passé une convention par l'Administration de la guerre.

Envois dans les stations d'eaux minérales.

Art. 10. Le médecin se conformera, pour les propositions d'envoi des ouvriers dans une station d'eaux minérales, à toutes les prescriptions de l'instruction C (art. 19).

Certificats techniques. — Tenue des écritures réglementaires.

Art. 11. Les certificats techniques que le médecin aura à établir seront conformes aux modèles annexés à l'instruction C; dans leur rédaction, ce praticien n'intervient que comme expert chargé de donner son avis sur la cause à laquelle, médicalement parlant, l'affection invoquée et constatée peut être rattachée.

Le médecin est chargé de l'établissement des pièces et de la tenue des registres réglementaires relatifs au service médical; il se conforme aux instructions placées en tête de chacun des modèles et aux dispositions de l'instruction C.

Il peut, sous sa responsabilité, faire tenir les divers documents par les ouvriers mis à sa disposition comme aides, dans les conditions fixées par l'article 7 de l'instruction C.

Rapport annuel sur l'état sanitaire.

Art. 12. A la fin de chaque année, le médecin établit un rapport conforme au modèle n° 10, annexe IV de l'instruction C, et faisant connaître les résultats de l'année expirée au point de vue de la morbidité et de la mortalité. Ce rapport contiendra, en outre, toutes les propositions du médecin touchant les améliorations qui, à son avis, seraient de nature à améliorer l'hygiène de l'établissement et les conditions du travail.

Visite médicale d'admission et visite des ouvriers licenciés.

Art. 13. Le médecin traitant, dûment convoqué, assistera à toutes les visites médicales d'admission et aux visites demandées par les ouvriers licenciés pour manque de travail. Il donnera à son collègue chargé de ces visites tous les renseignements qui seront de nature à lui permettre de formuler des avis en toute connaissance de cause.

Accouchements.

Art. 14. En principe, le médecin traitant ne procédera aux accouchements que lorsque son intervention sera réclamée par une sage-femme agréée par l'administration et préalablement appelée par l'ouvrière intéressée.

Absence du médecin.

Art. 15. En cas d'empêchement valable porté à la connaissance du chef d'établissement et mettant le médecin dans l'impossibilité de remplir momentanément son service, celui-ci se fera remplacer par un de ses collègues préalablement agréé par le chef d'établissement, sans qu'il en résulte aucune charge pour l'administration en sus des honoraires fixés au titre III ci-après.

TITRE III.

FIXATION, LIQUIDATION ET PAIEMENT DES HONORAIRES.

Fixation des honoraires.

Art. 16. M. le docteur recevra, pour la rémunération des services énumérés au titre précédent, savoir :

1° Une somme forfaitaire calculée à raison de francs par trimestre, pour chaque personne figurant sur les contrôles le premier jour de ce trimestre;

2° Et, en plus :

Pour chaque visite de nuit. . . . . . . francs.
Pour chaque accouchement. . . . . . . —

Les opérations de chirurgie courante, dont la liste est indiquée en annexe à la présente convention, sont comprises dans l'abonnement et ne sauraient donner lieu à aucune rémunération complémentaire.

Les opérations de chirurgie non comprises dans l'abonnement seront payées à prix débattus; en aucun cas, ces prix ne pourront dépasser ceux qui résulteraient de l'application du tarif annexé à l'arrêté du 30 septembre 1905 pris par M. le Ministre du commerce et de l'industrie.

Dans le cas où le médecin traitant jugerait indispensable le concours d'un de ses collègues, il ne pourrait faire appeler celui-ci, sauf le cas d'urgence absolue, qu'avec l'agrément du chef d'établissement et qu'après fixation préalable des honoraires des deux praticiens.

Production des titres de créance et paiement des honoraires.

Art. 17. Les honoraires afférents à un trimestre déterminé seront payés par le comptable de la masse d'assistance, sur la production, faite par le médecin, d'un mémoire en double expédition établi sur papier libre.

Ce mémoire doit être déposé dans les quarante-cinq jours qui suivent l'expiration du trimestre auquel il se rapporte. Passé ce délai, le titulaire de la présente convention serait passible d'une pénalité fixée à 1 franc par 1.000 francs et par jour de retard, et l'administration aurait le droit d'établir d'office le décompte de la créance.

Déchéance.

Art. 18. Dans tous les cas, les titres de créance qui ne seraient pas produits dans un délai de six mois à partir de l'expiration du trimestre auquel appartient la dépense seraient frappés de déchéance (décret du 13 juin 1806).

TITRE IV.

DURÉE DE LA CONVENTION. — RÉSILIATION. — CONTESTATIONS. TIMBRE ET ENREGISTREMENT.

Durée de la convention.

Art. 19. La présente convention sera, après approbation par le Ministre de la guerre, exécutoire pendant trois années à compter du....

Elle sera ensuite prorogée d'année en année par tacite reconduction si elle n'est pas dénoncée par une des parties contractantes au moins trois mois avant la fin de la première période triennale ou de chacune des périodes annuelles subséquentes.

Manquements au service. — Cas de résiliation.

Art. 20. Si le médecin manquait à ses obligations, le service laissé en souffrance serait assuré par tel moyen que le chef d'établissement jugerait convenable, aux frais, risques et périls du médecin défaillant.

La résiliation du présent contrat pourrait d'ailleurs être prononcée sans indemnité pour le titulaire en cas de fautes graves ou de manquements répétés dans l'exécution du service et après une mise en demeure préalable. Dans ce cas, le Ministre pourrait prescrire de passer, aux risques et périls du médecin défaillant, un nouveau marché, mais seulement pour la période d'engagement du titulaire restant à courir.

La résiliation pure et simple est de droit si le titulaire vient à décéder.

Contestations.

Art. 21. Toute contestation qui naîtrait sur l'interprétation ou l'exécution de l'une des clauses du présent contrat sera soumise au Ministre de la guerre, dont la décision pourra être, le cas échéant, déférée au Conseil d'Etat par l'intéressé.

Timbre. — Enregistrement.

Art. 22. Les frais de timbre et d'enregistrement de la présente convention sont à la charge de son titulaire. Pour l'enregistrement seulement, l'importance du marché est évaluée à francs par année.

TITRE V.

DISPOSITIONS DIVERSES.

Suppression ou réorganisation du service médical.

Art. 23. Si, pour une cause quelconque (cessation des travaux, suppression ou réorganisation d'établissement, etc.), le service médical venait à être supprimé ou devait être réorganisé sur de nouvelles bases, la présente convention serait résiliée de plein droit et sans indemnité à l'expiration du trimestre pendant lequel avis en aura été donné à son titulaire.

Fournitures de bureau et imprimés.

Art. 24. Les fournitures de bureau et les imprimés nécessaires pour l'exécution du service seront mis gratuitement, par l'administration, à la disposition du titulaire de la convention.

Fait double à , le .

Le représentant de l'Administration de la guerre,

Z.

Le (ou les) *Médecin* ,

X., Y.

Approuvé par nous (nom, qualité et résidence du chef de service) en vertu de l'autorisation donnée par le Ministre à la date du .

A , le 19 .

Le ,

Z.

ANNEXE A LA CONVENTION.

Nomenclature des opérations de petite chirurgie ne donnant pas lieu à une rémunération spéciale.

Incisions simples.
Débridements.
Pansements.
Ponction au bistouri, au thermo ou galvano-cautère.
Cautérisation actuelle par la chaleur, pointes de feu.
Cautérisation chimique ou potentielle.
Electrisation.
Massage.
Saignée.
Application de ventouses simples ou scarifiées.
Hémostase provisoire et par tamponnement des plaies ou des cavités naturelles.
Rapprochement des plaies par suture simple.
Arrachement des ongles détachés.
Extraction des corps étrangers superficiels des tissus.
Extraction des corps étrangers du nez et de l'oreille.
Extraction des corps étrangers superficiels de l'œil.
Ablation d'esquilles libres.
Section de parties molles condamnées.
Evacuation de foyers sanguins.
Cathétérisme évacuateur des voies urinaires.
Cathétérisme des voies urinaires avec lavage de la vessie.
Lavage de l'estomac.
Vaccinations diverses.
Injections hypodermiques médicamenteuses.
Injections de sérums.
Ponction lombaire simple.
Ponction lombaire avec injection intra-rachidienne.
Anesthésie locale.
Traitement de l'asphyxie.
Pansement des brûlures.
Taxis.
Paraphimosis (réduction du).
Avulsion des dents sans anesthésie.
Ongle incarné.
Réduction des luxations des doigts (à l'exception de celle du pouce).
Réduction des luxations des orteils (excepté celle du gros orteil).
Ablation de petites tumeurs (kystes ou lipomes).
Examen au spéculum.

Pris connaissance de l'annexe et accepté.

A , le 19 .

Le (ou les) *Médecin* ,

X., Y.

CORPS D'ARMÉE.	Désignation de ou des établissements	MODÈLE N° 2 (1).
PLACE DE		

Convention passée en exécution de l'article 2 de l'instruction C du 8 avril 1913, pour l'application de l'article 19 du décret du 26 février 1897, entre l'Administration de la guerre représentée par M. et M. , docteur en médecine.

Entre :

M. (nom, grade, emploi), agissant au nom et pour le compte du Département de la guerre, d'une part;

Et M. , docteur en médecine, d'autre part;

Il a été convenu ce qui suit :

TITRE Ier.

DISPOSITIONS D'ENSEMBLE.

Obligations générales.

Art. 1er. M. le docteur s'engage à assurer le service médical dans les établissements énumérés à l'article 2 ci-après, en se conformant :

Aux dispositions générales du décret du 26 février 1897, de l'instruction C du 8 avril 1913, de l'instruction D du 17 juin 1905, dont il déclare avoir pleine connaissance.

Aux ordres de détail du chef d'établissement;

Aux clauses particulières insérées dans la présente convention.

Les soins à donner comprennent le traitement des maladies internes ou externes, ainsi que les opérations chirurgicales qui peuvent être exécutées à la consultation ou au domicile des malades, quelle que soit l'origine à laquelle il y ait lieu d'attribuer les maladies et les blessures.

(1) Ce modèle ne sera appliqué qu'exceptionnellement et lorsque les médecins appelés à soumissionner se refuseront à accepter le mode de fixation de leurs honoraires indiqué à l'article 16 du modèle n° 1.

Etablissements à desservir.

Art. 2. Les établissements auxquels appartient le personnel à traiter sont les suivants :

(Enumération des établissements.)

Personnes ayant droit aux soins médicaux.

Art. 3. Ont droit aux soins médicaux :

Normalement : 1° Le personnel civil figurant sur les contrôles des établissements énumérés ci-dessus, ainsi que le personnel civil détaché, assisté par l'établissement, à l'exception des membres de leurs familles;

2° Les militaires détachés à la garde des mêmes établissements jusqu'au moment de leur évacuation sur l'infirmerie de leur corps ou sur un hôpital militaire.

Exceptionnellement, et dans les limites prévues à l'article 9 ci-après, certaines personnes étrangères au Département de la guerre.

Rôle des médecins.

Art. 4. Le médecin ne devra jamais perdre de vue qu'il a deux rôles essentiellement distincts à remplir; il est tout à la fois médecin traitant et médecin de contrôle. A ce dernier titre, l'une de ses obligations essentielles est de prévenir et d'empêcher les abus qui pourraient se produire en matière d'exemption de service sous prétexte de maladie.

En particulier, il signale au chef d'établissement les ouvriers qui l'auraient fait appeler de jour ou de nuit sans nécessité ou pour donner des soins à des membres de leurs familles et ceux qui auraient prêté leurs cartes médicales à des personnes étrangères.

Définition de l'ensemble du service (1).

Art. 5. Le service comporte :

La consultation à l'établissement (art. 15 de l'instruction C);

Les visites à domicile (art. 16 de l'instruction C);

L'établissement des ordonnances médicales (art. 17 de l'instruction C);

---

(1) Certains médecins ne sont pas chargés de l'ensemble du service; on rayera donc les rubriques qui se rapportent aux parties du service qui ne leur incombent pas.

Les soins immédiats à donner aux ouvriers blessés dans un accident du travail et leur envoi éventuel à l'hôpital (art. 18 de l'instruction C);

L'envoi dans un établissement d'assistance publique des ouvriers qui doivent subir une opération chirurgicale qui ne peut être faite à leur domicile (art. 18 de l'instruction C);

L'envoi des ouvriers dans les stations d'eaux minérales (art. 19 de l'instruction C);

L'établissement des certificats techniques (art. 20 de l'instruction C);

La tenue des pièces et registres réglementaires, la préparation des demandes trimestrielles de matériel et de médicaments (art. 21 de l'instruction C);

La rédaction du rapport annuel sur l'état sanitaire (art. 22 de l'instruction C);

La présence aux visites médicales d'admission et à celles réclamées par les ouvriers licenciés (art. 13 de l'instruction C);

Enfin, quand il y est invité, le médecin doit se rendre aux convocations qui lui sont adressées par le président de la commission d'administration de la masse d'assistance et fournir à cette commission toutes les explications qui lui seraient demandées au sujet du fonctionnement du service.

TITRE III.

DÉTAILS SUR L'EXÉCUTION DU SERVICE.

Consultation à l'établissement.

Art. 6. La consultation a lieu à (désigner l'établissement) tous les jours, excepté les dimanches ou jours fériés (ou les   de chaque semaine).

Visites à domicile. — Périmètre médical.

Art. 7. Les visites à domicile ne sont dues qu'aux ouvriers qui habitent dans l'intérieur du périmètre médical, défini comme il suit : (Description très exacte du périmètre médical.)

Ces visites sont faites soit lorsqu'elles ont été reconnues nécessaires par le médecin lui-même, soit lorsqu'elles sont demandées par l'administration au moyen de l'envoi au médecin des cartes médicales des ouvriers malades, soit enfin exceptionnellement et sur demande directe faite par les intéressés le jour ou la nuit en cas de maladie grave ou subite nécessitant une intervention médicale immédiate.

Les visites à domicile demandées par le moyen de l'envoi des cartes médicales sont faites dans les délais suivants :

Celles demandées avant dix heures du matin, le jour même;

Celles demandées après dix heures du matin, s'il est possible le jour même et au plus tard dans la matinée du lendemain.

Les visites urgentes de jour et de nuit, demandées directement par les malades, sont faites dans le plus bref délai.

Les comptes rendus réglementaires sont envoyés au chef d'établissement, comme il est dit dans l'instruction C.

Établissement des ordonnances médicales.

Art. 8. Les ordonnances médicales sont établies par le médecin lui-même dans les formes et conditions prévues à l'article 17 de l'instruction C.

Le médecin est tenu de ne porter sur ses ordonnances que les médicaments et objets divers prévus dans le tarif de la Guerre, et de ne pas dépasser, par ordonnance et pour chaque article, les quantités maxima indiquées audit tarif.

Sous aucun prétexte, il ne peut ordonner des bains autres que ceux dits « thérapeutiques ».

Le médecin devra homologuer les ordonnances provisoires établies par les sages-femmes (art. 23 de l'instruction C) et faire remplacer, par des ordonnances du modèle réglementaire, les ordonnances provisoires qu'il aurait dû, exceptionnellement, établir lui-même (art. 17 de la même instruction).

En aucun cas, le médecin ne peut régulariser après coup, par une ordonnance médicale, des livraisons faites par les pharmaciens sans titre justificatif.

Ouvriers blessés. — Hospitalisation.

Art. 9. En cas d'accident ou d'explosion, le médecin se rendra sur les lieux aussitôt que l'événement sera parvenu à sa connaissance pour donner ses soins aux blessés appartenant à l'établissement.

Si des personnes étrangères à l'établissement étaient blessées du fait d'accidents fortuits provoqués par le travail normal de l'établissement ou par des explosions, le médecin leur donnerait les premiers soins nécessaires et bornerait là son intervention.

Le médecin remplira toutes les formalités d'ordre médical

exigées pour assurer aux ouvriers qui y auraient droit leur admission dans l'établissement d'assistance avec lequel il aura été passé une convention par l'administration de la guerre (art. 18 de l'instruction C).

Envoi dans les stations d'eaux minérales.

Art. 10. Le médecin se conformera pour les propositions d'envoi des ouvriers dans une station d'eaux minérales à toutes les prescriptions de l'instruction C (art. 19).

Certificats techniques. — Tenue des écritures réglementaires.

Art. 11. Les certificats techniques que le médecin aura à établir seront conformes aux modèles annexés à l'instruction C; dans leur rédaction, ce praticien n'intervient que comme expert chargé de donner son avis sur la cause à laquelle, médicalement parlant, l'affection invoquée et constatée peut être rattachée.

Le médecin est chargé de l'établissement des pièces et de la tenue des registres réglementaires relatifs au service médical; il se conforme aux instructions placées en tête de chacun des modèles et aux dispositions de l'instruction C.

Il peut, sous sa responsabilité, faire tenir les divers documents par les ouvriers mis à sa disposition comme aides, dans les conditions fixées par l'article 7 de l'instruction C.

Rapport annuel sur l'état sanitaire.

Art. 12. A la fin de chaque année, le médecin établit un rapport conforme au modèle n° 10, annexe IV, de l'instruction C, et faisant connaître les résultats de l'année expirée au point de vue de la morbidité et de la mortalité. Ce rapport contiendra en outre toutes les propositions du médecin touchant les améliorations qui, à son avis, seraient de nature à améliorer l'hygiène de l'établissement et les conditions du travail.

Visite médicale d'admission et visite des ouvriers licenciés.

Art. 13. Le médecin traitant, dûment convoqué, assistera à toutes les visites médicales d'admission et aux visites demandées par les ouvriers licenciés pour manque de travail. Il donnera à son collègue, chargé de ces visites, tous les renseignements qui seront de nature à lui permettre de formuler des avis en toute connaissance de cause.

Accouchement.

Art. 14. En principe, le médecin traitant ne procédera aux accouchements que lorsque son intervention sera réclamée par une sage-femme agréée par l'administration et préalablement appelée par l'ouvrière intéressée.

Absence du médecin.

Art. 15. En cas d'empêchement valable porté à la connaissance du chef d'établissement et mettant le médecin dans l'impossibilité de remplir momentanément son service, celui-ci se fera remplacer par un de ses collègues préalablement agréé par le chef d'établissement, sans qu'il en résulte aucune charge pour l'administration en sus des honoraires fixés au titre III ci-après :

TITRE III.

FIXATION, LIQUIDATION ET PAIEMENT DES HONORAIRES.

Art. 16. M. le docteur recevra, pour la rémunération des services énumérés ci-dessus, savoir :

1° Une somme de francs pour chacune des consultations données à l'établissement et l'accomplissement de tout le service normal non compris dans ce qui va suivre;

2° Une somme de francs pour chaque visite de jour et de francs pour chaque visite de nuit, faites au domicile de l'ouvrier;

3° Des indemnités de transport ainsi fixées (dans les établissements où l'on sera obligé d'avoir recours à ce mode de paiement, se rapprocher des errements qui y sont aujourd'hui en vigueur, en cherchant à les simplifier et à ne pas engager, pour l'ensemble des honoraires, des dépenses supérieures à celles qui sont faites actuellement);

3° Une somme de francs par accouchement, à laquelle s'ajoutera l'indemnité de transport, comme pour les visites ordinaires.

Les opérations de chirurgie courante, dont la liste est indiquée en annexe à la présente convention, sont comprises dans les honoraires ci-dessus indiqués, et ne donneront lieu à aucune rémunération spéciale.

Les opérations de chirurgie non comprises sur la liste susvisée seront payées à prix débattu; en aucun cas ces prix ne pourront dépasser ceux qui résulteraient de l'application du tarif annexé à l'arrêté du 30 septembre 1905, pris par M. le Ministre du commerce et de l'industrie.

Dans le cas où le médecin traitant jugerait indispensable le concours d'un de ses collègues, il ne pourrait faire appeler celui-ci, sauf le cas d'urgence absolue, qu'avec l'agrément du chef d'établissement, et qu'après fixation préalable des honoraires des deux praticiens.

Production des titres de créance et paiement des honoraires.

Art. 17. Les honoraires afférents à un trimestre déterminé seront payés par le comptable de la masse d'assistance, sur la production, faite par le médecin, d'un mémoire en double expédition établi sur papier libre.

Ce mémoire doit être déposé dans les quarante-cinq jours qui suivent l'expiration du trimestre auquel il se rapporte. Passé ce délai, le titulaire de la présente convention serait passible d'une pénalité fixée à 1 franc par 1.000 francs et par jour de retard, et l'administration aurait le droit d'établir d'office le décompte de sa créance.

Déchéance.

Art. 18. Dans tous les cas, les titres de créance qui ne seraient pas produits dans un délai de six mois à partir de l'expiration du trimestre auquel appartient la dépense, seraient frappés de déchéance (décret du 13 juin 1806).

TITRE IV.

DURÉE DE LA CONVENTION. — RÉSILIATION. — CONTESTATIONS. TIMBRE ET ENREGISTREMENT.

Durée de la convention.

Art. 19. La présente convention sera, après approbation par le Ministre de la guerre, exécutoire pendant trois années, à compter du

Elle sera ensuite prorogée d'année en année par tacite reconduction, si elle n'est pas dénoncée par une des parties contractantes, au moins trois mois avant la fin de la première période triennale, ou de chacune des périodes annuelles subséquentes.

Manquement au service. — Cas de résiliation.

Art. 20. Si le médecin manquait à ses obligations, le service laissé en souffrance serait assuré par tel moyen que le chef d'établissement jugerait convenable, aux frais, risques et périls du médecin défaillant.

La résiliation du présent contrat pourrait d'ailleurs être prononcée sans indemnité pour le titulaire en cas de fautes graves ou de manquements répétés dans l'exécution du service, et après une mise en demeure préalable. Dans ce cas, le Ministre pourrait prescrire de passer aux risques et périls du médecin défaillant un nouveau marché, mais seulement pour la période d'engagement du titulaire restant à courir.

La résiliation pure et simple est de droit si le titulaire vient à décéder.

Contestations.

Art. 21. Toute contestation qui naîtrait sur l'interprétation ou l'exécution de l'une des clauses du présent contrat serait soumise au Ministre de la guerre, dont la décision pourrait être, le cas échéant, déférée au Conseil d'État par l'intéressé.

Timbre et enregistrement.

Art. 22. Les frais de timbre et d'enregistrement de la présente convention sont à la charge de son titulaire. Pour l'enregistrement seulement, l'importance du marché est évaluée à francs par année.

TITRE V.

DISPOSITIONS DIVERSES.

Suppression ou réorganisation du service médical.

Art. 23. Si, pour une cause quelconque (cessation des travaux, suppression ou réorganisation d'établissement, etc.), le service médical venait à être supprimé ou devait être organisé sur de nouvelles bases, la présente convention serait résiliée de plein droit et sans indemnité à l'expiration du trimestre pendant lequel avis en aura été donné à son titulaire.

Fournitures de bureau et imprimés.

Art. 24. Les fournitures de bureau et les imprimés nécessaires pour l'exécution du service seront mis gratuitement par l'administration de la guerre à la disposition du titulaire de la convention.

Fait double, à , le .

Le représentant de l'Administration de la guerre,

Z.

Le (ou les) *Médecin* ,

X., Y.

Approuvé par nous (nom, qualité et résidence du chef de service) en vertu de l'autorisation donnée par le Ministre à la date du 19 .

A , le 19 .

Le ,

Z.

ANNEXE A LA CONVENTION.

Nomenclature des opérations de petite chirurgie ne donnant pas lieu à une rémunération spéciale.

Incisions simples.
Débridements.
Pansements.
Ponctions au bistouri, au thermo ou galvano-cautère.
Cautérisation actuelle par la chaleur; pointes de feu.
Cautérisation chimique ou potentielle.
Electrisation.
Massage.
Saignée.
Application de ventouses simples.
Application de ventouses scarifiées.
Hémostase provisoire et par tamponnement des plaies ou des cavités naturelles.
Rapprochement des plaies par suture simple.
Arrachement des ongles détachés.
Extraction des corps étrangers superficiels des tissus.
Extraction des corps étrangers du nez et de l'oreille.
Extraction de corps étrangers superficiels de l'œil.
Ablation d'esquilles libres.
Section de parties molles condamnées.
Evacuation de foyers sanguins.
Cathétérisme évacuateur des voies urinaires.
Cathétérisme des voies urinaires avec lavage de la vessie.
Lavage de l'estomac.
Vaccinations diverses.
Injections hypodermiques médicamenteuses.
Injections de sérums.
Ponction lombaire simple.
Ponction lombaire avec injection intra-rachidienne.
Anesthésie locale.
Traitement de l'asphyxie.
Pansement des brûlures.
Taxis.
Paraphimosis (réduction du).
Avulsion des dents sans anesthésie.
Ongle incarné.
Réduction des luxations des doigts (à l'exception de celle du pouce).
Réduction des luxations des orteils (excepté celle du gros orteil).
Ablation de petites tumeurs (kystes ou lipomes).
Examen au spéculum.

Pris connaissance de l'annexe et accepté.

A , le 19 .

Le (ou les) *Médecin* ,

X., Y.

CORPS D'ARMÉE. — PLACE DE

Désignation de ou des établissements.

MODÈLE Nº 3.

Convention passée en exécution de l'article 2 de l'instruction C du 8 avril 1913, pour l'application de l'article 19 du décret du 26 février 1897, entre l'Administration de la guerre, représentée par M. , et Mmes , sages-femmes à .

Entre :

M. (nom, grade, emploi), agissant au nom et pour le compte du Département de la guerre, d'une part;

Et Mme (ou Mmes) , sages-femmes, d'autre part,

Il a été convenu ce qui suit :

Définition du service.

Art. 1er. Mmes , demeurant à , s'engagent à procéder à l'accouchement des ouvrières appartenant aux établissements énumérés à l'article 2 ci-après et à leur donner tous les soins nécessaires pendant les quinze premiers jours qui suivront la délivrance.

Etablissements à desservir.

Art. 2. Les établissements dans lesquels comptent les ouvrières sont les suivants :

(Enumération des établissements.)

Formalités à exiger des ouvrières.

Art. 3. Les sages-femmes ne devront considérer qu'elles sont appelées pour donner leurs soins à une ouvrière pour le compte de l'Etat que si la personne qui vient réclamer leur ministère leur présente la carte médicale de l'intéressée.

Exécution du service.

Art. 4. En principe, les sages-femmes doivent pratiquer elles-mêmes les accouchements. Mais, dans le cas où l'opération présenterait des difficultés dont elles sont seules juges, elles pourraient réclamer le concours du (ou de l'un des) médecin traitant de l'établissement.

Les sages-femmes sont autorisées à établir des ordonnances provisoires sur papier libre pour les médicaments et objets de pansement que nécessitent l'opération et les soins ultérieurs à donner à l'accouchée.

Absences momentanées.

Art. 5. En cas d'empêchement momentané provenant de maladie ou de toute autre cause légitime mettant la titulaire (ou l'une des titulaires) de la convention dans l'impossibilité de se rendre à un appel, celle-ci s'engage à se faire remplacer par une autre sage-femme, agréée au préalable par le chef d'établissement, sans que l'administration ait à intervenir dans le paiement des honoraires de la sage-femme suppléante.

Détermination des honoraires.

Art. 6. Les accouchements, y compris tous les soins subséquents prévus à l'article 1er seront payés aux prix suivants :

Accouchement simple.	francs.
Accouchement gémellaire.	—

Lorsque la sage-femme se sera trouvée dans l'obligation de faire appeler un médecin, il lui sera payé le prix d'un accouchement simple ou gémellaire suivant le cas, moyennant quoi elle secondera le médecin pendant l'opération et donnera ensuite gratuitement à l'accouchée ses soins pendant les quinze premiers jours qui suivront la délivrance.

Production des titres de créance. — Paiements.

Art. 7. Les honoraires afférents à un trimestre déterminé seront payés sur la production faite par la (ou les) sage-femme, d'une facture en double expédition établie sur papier libre.

Cette facture doit être déposée dans les quarante-cinq jours qui suivent l'expiration du trimestre auquel elle se rapporte. Passé ce délai, la titualire de la convention serait passible d'une pénalité de 1 franc par jour de retard et l'administration aurait le droit d'établir d'office le décompte de la créance.

Déchéance.

Art. 8. Dans tous les cas, les titres de créance qui ne seraient pas produits dans un délai de six mois, à partir de l'expiration du trimestre auquel appartient la dépense, seraient frappés de déchéance (décret du 13 juin 1806).

Durée de la convention.

Art. 9. La présente convention sera, après approbation par le Ministre, exécutoire pendant trois années comptant du . Elle sera ensuite prorogée d'année en année par tacite reconduction si elle n'est pas dénoncée par l'une des parties contractantes au moins trois mois avant l'expiration de la première période triennale ou de chacune des périodes annuelles subséquentes.

Manquements aux obligations consenties. — Sanctions. — Résiliation.

Art. 10. En cas de manquement aux obligations consenties, le chef d'établissement fera assurer le service par tel procédé qu'il jugera nécessaire; il pourra même avoir recours au médecin de l'établissement, les dépenses restant tout entières à la charge de la titulaire de la convention.

En cas de manquements répétés, le Ministre pourra prononcer la résiliation du marché après une mise en demeure préalable et même ordonner qu'il soit passé un nouveau marché par défaut, aux risques et périls de la sage-femme défaillante.

La résiliation pure et simple est de droit si la titulaire venait à décéder.

Contestations.

Art. 11. Toute contestation sur l'interprétation ou l'exécution de l'une des clauses du présent contrat sera soumise au Ministre de la guerre, dont la décision pourra, le cas échéant, être déférée au Conseil d'Etat par l'intéressée.

Timbre et enregistrement.

Art. 12. Les frais de timbre et d'enregistrement de la présente convention sont à la charge de son titulaire. Pour l'enregistrement seulement, l'importance du marché est évaluée à francs par année.

Suppression ou réorganisation du service.

Art. 13. Si, pour une cause quelconque (cessation de travaux, suppression ou réorganisation d'établissement, etc.), le service des sages-femmes venait à être supprimé ou devait être réorganisé sur de nouvelles bases, la présente convention serait résiliée de plein droit et sans indemnité à l'expiration du trimestre pendant lequel avis en aurait été donné à la titulaire de la convention.

Fait double à , le .

Le représentant
de l'Administration de la guerre,
Z.

La (ou les) sage-femme,
X., Y.

Approuvé par nous (nom, qualité et résidence du chef de service) en vertu de l'autorisation donnée par le Ministre à la date du 19 .

A , le 19 .

Le ,
Z.

CORPS D'ARMÉE.

—

PLACE DE

Désignation de
ou
des établissements.

MODÈLE N° 4.

Convention passée en exécution de l'article 18, paragraphe 5 du décret du 18 novembre 1882 et de l'article 2 de l'instruction C du 8 avril 1913, pour l'application de l'article 19 du décret du 26 février 1897, entre l'Administration de la guerre, représentée par M. , et M. ou MM. les pharmaciens dénommés ci-après :

Entre les soussignés :

M. (nom, grade, emploi), agissant au nom et pour le compte du Département de la guerre, d'une part;

Et M. (indiquer le ou les noms des pharmaciens et les adresses, ou encore donner les noms et les adresses des mandataires régulièrement autorisés des groupes de pharmaciens, dont on donnera l'énumération, et qui sont engagés par la présente convention),

Il a été convenu ce qui suit :

TITRE Ier.

DISPOSITIONS D'ENSEMBLE.

Obligation générale.

Art. 1er. Les pharmaciens dénommés ci-dessus s'engagent à livrer, pour le compte de l'Etat, au personnel civil d'exploitation des établissements indiqués à l'article 2 ci-après, tous les médicaments, eaux minérales, objets de pansement, appareils prothétiques qui seront ordonnés par les médecins traitants des établissements ou par leurs suppléants et, le cas échéant, par les médecins spécialistes et les sages-femmes agréés par l'administration, et dont les noms seront portés à leur connaissance.

Etablissements à desservir.

Art. 2. Les établissements auxquels appartient le personnel intéressé sont les suivants :

(Enumération des établissements comme en tête de la convention.)

Personnes ayant droit à la délivrance gratuite des médicaments.

Art. 3. Ont droit à la délivrance gratuite des médicaments, des eaux minérales et objets de pansement les seules personnes porteurs d'ordonnances régulières.

Livraisons.

Art. 4. Les livraisons sont faites :

Normalement, sur la remise d'une ordonnance régulière extraite d'un carnet à souche modèle n° 6, annexe IV. Cette ordonnance, portant un numéro d'ordre et datée, mentionne l'établissement et le nom de l'intéressé; elle contient le détail de la prescription;

Exceptionnellement, sur la présentation d'une ordonnance provisoire établie sur papier libre, soit par les médecins, soit par les sages-femmes agréés. Dans les quarante-huit heures, ces ordonnances sont échangées par les services contre des ordonnances régulières.

Toute livraison faite en dehors de ces trois cas sera considérée comme irrégulière et sa valeur restera à la charge du pharmacien.

Une même ordonnance ne peut servir qu'une fois pour la délivrance des fournitures qu'elle énumère.

Les ordonnances portant des numéros bis ne devront jamais être acceptées comme bons réguliers par les pharmaciens.

Dans les cas où une ordonnance prescrirait des produits autres que ceux qui figurent au tarif de la Guerre, ou bien, pour certains médicaments, des doses supérieures aux doses médicamenteuses maxima indiquées dans ledit tarif, il appartiendrait aux pharmaciens de provoquer, avant toute livraison, les rectifications nécessaires ou la confirmation de la prescription. En cas d'infraction à cette disposition, la valeur des médicaments ne figurant pas au tarif serait rejetée de la liquidation; quant aux quantités ordonnées au delà du maximum, elles seraient ramenées d'office à ce maximum et décomptées comme telles.

Qualité des fournitures.

Art. 5. Les médicaments et autres substances entrant dans la composition des préparations magistrales seront de première qualité.

Charges accessoires des fournisseurs.

Art. 6. Les récipients de toute nature ayant contenu des médicaments doivent être rendus aux pharmaciens par les ouvriers, au plus tard en fin de traitement. Il en est de même des bouchons de verre ou de métal.

Les pharmaciens ne peuvent refuser les récipients pour défaut de nettoyage.

Les récipients et les bouchons de verre ou de métal qui ne seraient pas rendus seraient laissés au compte des ouvriers qui en auront pris charge.

Le papier à envelopper, les bouchons de liège, les boîtes en carton et, en général, tous les objets qui ne peuvent servir qu'une fois, sont à la charge du pharmacien et leurs prix sont implicitement compris dans les prix du tarif.

TITRE II.

BASES DES PAIEMENTS. — LIQUIDATION. — PAIEMENTS.

Bases des paiements.

Art. 7. Les fournitures sont payées au tarif de la Guerre avec un rabais de :

n p. 100 sur les médicaments proprement dits;
n p. 100 sur les spécialités;
n p. 100 sur les eaux minérales.

Production des titres de créance et paiements.

Art. 8. Les fournitures seront payées à la fin de chaque trimestre, sur la production par les intéressés d'une facture en deux expéditions : la première faisant connaître, en regard du nom du malade, les numéros des ordonnances qui le concernent, leurs valeurs partielles et leur total; la seconde faisant connaître seulement la valeur totale de la fourniture. Ces deux pièces seront établies sur papier libre.

Les ordonnances elles-mêmes sont jointes à la facture pour permettre sa vérification et la liquidation de la créance; elles sont conservées à l'établissement.

Les factures doivent être déposées dans les quarante-cinq jours qui suivent l'expiration du trimestre auquel elles se rapportent. Passé ce délai, les titulaires des créances seraient passibles d'une amende de 1 franc par 1.000 francs et par jour de retard, et l'administration aurait le droit d'exiger la remise des ordonnances médicales et de procéder d'office à l'établissement des factures.

Déchéance.

Art. 9. Dans tous les cas, les titres de créance qui ne seraient pas produits dans un délai de six mois à partir de l'expiration du trimestre auquel appartient la dépense seraient frappés de déchéance (décret du 13 juin 1806).

TITRE III.

DURÉE DE LA CONVENTION. — RÉSILIATION. — CONTESTATIONS.

Durée de la convention.

Art. 10. La présente convention sera, après approbation par le Ministre, exécutoire pendant trois années comptant du

Elle sera ensuite prorogée d'année en année par tacite reconduction, si elle n'est pas dénoncée par l'une des parties contractantes trois mois au moins avant la fin de la première période triennale ou de chacune des périodes annuelles subséquentes.

Résiliation.

Art. 11. Dans le cas où il serait démontré qu'un pharmacien s'est livré ou prêté à des opérations illicites consistant à modifier une ordonnance, à racheter ou à échanger des médicaments prescrits, la convention serait résiliée de plein droit, sans préjudice de l'exclusion des marchés de la Guerre que pourrait prononcer le Ministre et des poursuites judiciaires qui pourraient être intentées.

En cas de retards répétés dans la livraison des fournitures, le service pourra, sans mise en demeure préalable, être assuré par tel moyen que le chef d'établissement jugera convenable, aux frais, risques et périls du pharmacien défaillant.

La résiliation du présent contrat pourra d'ailleurs, après une mise en demeure préalable, être prononcée sans indemnité pour le titulaire, en cas de fautes graves commises dans l'exécution du service et dont l'appréciation est réservée au Ministre. Dans ce cas, le Ministre pourra prescrire de passer, aux risques et périls du pharmacien défaillant, un nouveau marché pour la période d'engagement du titulaire restant à courir.

La résiliation pure et simple est de droit si le titulaire vient à décéder.

Contestations.

Art. 12. Toute contestation qui naîtrait de l'interprétation ou de l'exécution de l'une des clauses du présent contrat sera soumise au Ministre de la guerre, dont la décision pourra être, le cas échéant, déférée au Conseil d'Etat par l'intéressé.

TITRE IV.

DISPOSITIONS DIVERSES.

Timbre. — Enregistrement.

Art. 13. Les frais de timbre et d'enregistrement de la présente convention sont à la charge de son titulaire. Pour l'enregistrement seulement, l'importance du marché est évaluée à francs par année.

Suppression ou réorganisation du service.

Art. 14. Si, pour une cause quelconque (cessation des travaux, suppression ou réorganisation d'établissement, etc.), le service d'assistance venait à être supprimé ou devait être réorganisé sur de nouvelles bases, la présente convention serait résiliée de plein droit et sans indemnité à l'expiration du trimestre pendant lequel avis en aurait été donné à son titulaire.

Fait double à , le .

Le représentant de l'Administration de la guerre,

Z.

Le (ou les) *Pharmacien* ,

X., Y.

Approuvé par nous (nom, qualité et résidence du chef de service) en vertu de l'autorisation donnée par le Ministre à la date du 19 .

A , le 19 .

Le ,

Z.

CORPS D'ARMÉE.

—

PLACE DE

Désignation de
ou
des établissements.

MODÈLE N° 5.

Convention passée en exécution de l'article 2 de l'instruction C du 8 avril 1913, pour l'application de l'article 19 du décret du 26 février 1897, entre l'Administration de la guerre, représentée par M. (grade, emploi), et MM. , propriétaires d'établissements hydrothérapiques.

Entre :

M. (nom, grade, emploi), agissant au nom et pour le compte du Département de la guerre, d'une part;

Et MM. , demeurant (rue, numéro), propriétaires d'établissements hydrothérapiques, à (ville); (ou commission administrative de l'hospice civil ou mixte de), d'autre part,

Il a été convenu ce qui suit :

TITRE Ier.

DISPOSITIONS D'ENSEMBLE.

Obligation générale.

Art. 1er. Les propriétaires d'établissements hydrothérapiques désignés ci-dessus (ou la commission administrative désignée ci-dessus) s'engagent à fournir, pour le compte de l'Etat, au personnel civil d'exploitation des établissements énumérés à l'article 2 ci-après, les bains et douches qui seront prescrits à titre thérapeutique par les médecins agréés par l'Administration de la guerre.

Etablissements à desservir.

Art. 2. Les établissements auxquels appartient le personnel intéressé sont les suivants :

(Énumération des établissements.)

Exécution du service.

Art. 3. Les titulaires du marché ne pourront fournir des bains, douches ou massages, au compte de l'Etat, que sur la présentation d'une ordonnance régulière extraite d'un registre à souche n° 6, annexe IV. Chaque ordonnance, portant un numéro, datée et signée par le médecin, fait connaître le nom de l'ouvrier; elle n'est valable que pour un seul bain ou une seule douche.

Sous aucun prétexte, les titulaires ne pourront accepter comme bons réguliers des ordonnances portant des numéros bis; ces ordonnances seraient rejetées d'office lors de la liquidation des créances.

En outre, les ordonnances médicales étant personnelles, les titulaires de la présente convention s'engagent à ne faire de fournitures pour le compte de l'Etat qu'aux personnes aux noms desquelles ces ordonnances auront été établies, à l'exclusion des membres de leurs familles, et à exiger au préalable la présentation de la carte médicale du porteur de l'ordonnance.

TITRE II.

FIXATION DES PRIX. — LIQUIDATION ET PAIEMENT DES CRÉANCES.

Fixation des prix.

Art. 4. Les prix consentis pour chaque nature de bains, douches ou massages, y compris la fourniture d'un peignoir et d'une serviette, sont les suivants (1) :

	Prix.		Prix.
Bain simple.		Bain de vapeur.	
— alcalin.		— résineux.	
— sulfureux.		Douches froide.	
— amidonné.		Douches écossaise.	
— antiseptique.		Douches de vapeur.	
— de son.		Massage complet.	
— de demi-son.		Massage partiel.	
— salé avec 1 kgr. de sel...		Supplément pour bain à domicile.	

Les bains, douches et massages seront fournis (dire les jours et heures).

(1) On n'indiquera dans cette nomenclature que les fournitures qui peuvent être faites en raison de l'organisation de l'établissement.

Production des titres de créance. — Paiements.

Art. 5. Le paiement des fournitures sera fait trimestriellement sur la production, par les titulaires des conventions, de factures en double expédition sur papier libre. Les ordonnances médicales sont mises au soutien des factures; elles sont conservées à l'établissement.

Les factures doivent être déposées dans les quarante-cinq jours qui suivent l'expiration du trimestre auquel elles se rapportent. Passé ce délai, les titulaires de la présente convention seraient passibles d'une amende de 1 franc par 1.000 francs et par jour de retard, et l'Administration aurait le droit de réclamer la restitution des ordonnances médicales et d'établir d'office le décompte de la créance.

Déchéance.

Art. 6. Dans tous les cas, les titres de créance qui ne seraient pas produits dans un délai de six mois à partir de l'expiration du trimestre auquel appartient la dépense seraient frappés de déchéance (décret du 13 juin 1806).

TITRE III.

DURÉE DE LA CONVENTION. — RÉSILIATION. — CONTESTATIONS.

Durée de la convention.

Art. 7. La présente convention sera, après approbation par le Ministre, exécutoire pendant trois années comptant du .
Elle sera ensuite prorogée d'année en année par tacite reconduction, si elle n'est pas dénoncée par l'une des parties contractantes trois mois au moins avant la fin de la première période triennale ou de chacune des périodes annuelles subséquentes.

Manquement au service. — Cas spéciaux de résiliation.

Art. 8. Dans le cas où le service ne serait pas régulièrement exécuté par l'un des (ou le) titulaires de la présente convention, le chef d'établissement le ferait assurer, aux frais du titulaire défaillant, par tels moyens qu'il jugerait convenables. En cas de faute grave ou d'interruption totale du service, le Ministre pourra prononcer la résiliation après une mise en demeure préalable et même prescrire la passation d'un nouveau marché par défaut, aux risques et périls du fournisseur défaillant, pour la durée de la convention restant à courir.

La résiliation pure et simple est de droit si le titulaire vient à décéder.

Contestations.

Art. 9. Toute contestation sur l'interprétation ou l'exécution des clauses du présent contrat sera soumise au Ministre de la guerre, dont la décision pourra être, le cas échéant, déférée au Conseil d'Etat par l'intéressé.

TITRE IV.

CLAUSES DIVERSES.

Timbre. — Enregistrement.

Art. 10. Les frais de timbre et d'enregistrement de la présente convention sont à la charge de son (ou de leurs) titulaire. Pour l'enregistrement seulement, l'importance du marché est évaluée à francs.

Suppression ou réorganisation du service d'assistance.

Art. 11. Si, pour une cause quelconque (cessation de travaux, suppression ou réorganisation d'établissement, etc.), le service d'assistance venait à être supprimé ou devait être réorganisé sur de nouvelles bases, la présente convention serait résiliée de plein droit et sans indemnité à l'expiration du trimestre pendant lequel avis en aurait été donné au titulaire de la convention.

Fait double, à , le .

Le représentant de l'Administration de la guerre,

X.

Le (ou les) *Fournisseur* ,

Y., Z.

Approuvé par nous (nom, qualité et résidence du chef de service) en vertu de l'autorisation donnée par le Ministre à la date du 19 .

A , le 19 .

Le ,

Z.

ANNEXE II.

TABLEAU A.	Localités dans lesquelles les médecins militaires de la garnison sont employés pour assurer le service médical des ouvriers civils des établissements militaires.
TABLEAU B.	Localités dans lesquelles le service médical des ouvriers civils des établissements de la guerre est assuré par des médecins civils.
TABLEAU C.	Tableau faisant connaître les groupements constitués des établissements et la composition des commissions d'administration des masses.

(Art. 3 de l'instruction C pour l'application de l'art. 19 du décret du 26 février 1897.)

TABLEAU A.

Localités dans lesquelles les médecins militaires de la garnison sont employés pour assurer le service médical des ouvriers civils des établissements de la guerre.

Ajaccio.	Dijon.	Moulins.
Albertville.	Dôle.	Nancy.
Amiens.	Dunkerque.	Nantes.
Angers.	Epinal.	Nice.
Annecy.	Fontainebleau.	Nîmes.
Antibes.	Gap.	Orléans.
Arras.	Givet.	Périgueux.
Auxerre.	Granville.	Perpignan.
Avignon.	Grenoble.	Poitiers.
Auxonne.	La Fère.	Port-Vendres et fort Béar.
Bastia.	Langres.	Pont-à-Mousson.
Bayonne.	Laon.	Reims.
Belfort.	La Rochelle.	Remiremont.
Besançon.	La Roche-sur-Yon.	Rochefort-sur-Mer.
Bicêtre (fort et pénitencier).	Laval.	Rouen.
Boulogne-sur-Mer.	Le Bouchet.	Saint-Brieuc.
Bourg.	Le Havre.	Saint-Denis.
Bourges.	Le Mans.	Saint-Germain.
Brest.	Lille.	Saint-Malo.
Briançon.	Limoges.	Saint-Mihiel.
Caen.	Longwy.	Toul.
Calais.	Lorient.	Tournoux.
Camp de Châlons.	Lunel.	Tours.
Castres.	Lunéville.	Troyes.
Châlons.	Mâcon.	Valenciennes.
Chambéry.	Maubeuge.	Vannes.
Charenton (fort).	Mézières.	Verdun.
Chartres.	Montauban.	Vernon.
Cherbourg.	Montbéliard.	Versailles.
Clermont-Ferrand.	Montpellier.	Vesoul.
Commercy.	Mont-Dauphin.	Vincennes.
Compiègne.	Mont-Valérien (fort).	

NOTA. — En Algérie et en Tunisie, les ouvriers civils employés dans les établissements de la guerre reçoivent, dans les localités pourvues de médecins militaires, les soins de ces médecins désignés par le commandement.

Les médicaments leur sont délivrés par les pharmaciens civils agréés par l'autorité militaire et conformément aux prescriptions de l'instruction C.

TABLEAU B.

Localités dans lesquelles le service médical des ouvriers civils des établissements de la guerre est assuré par les médecins civils.		
Angoulême.	Marseille.	Saint-Médard.
Billancourt.	Moulin-Blanc.	Saint-Vincent.
Bordeaux.	Paris.	Sevran-Livry.
Chalais-Meudon.	Pontarlier.	Tarbes.
Châtellerault.	Pont-de-Buis.	Toulon (provisoirement).
Douai.	Pratz-de-Mollo.	Toulouse.
Esquerdes.	Puteaux.	Tulle.
Le Ripault.	Rennes.	Valence.
L'Ile d'Oléron.	Saint-Chamas.	Vonges.
Lyon.	Saint-Etienne.	

NOTA. — En Algérie et en Tunisie, les ouvriers civils employés dans les établissements de la guerre reçoivent, dans les lieux dépourvus de médecins militaires, les soins des médecins civils.

Les médicaments leur sont délivrés par les pharmaciens civils agréés par l'autorité militaire et conformément aux prescriptions de l'instruction C.

TABLEAU C.

Art. 31 de l'Instruction C pour l'application de l'art. 19 du décret du 26 février 1897.

Art. 19 de l'Instruction C1 sur l'administration et le fonctionnement des masses d'assistance.

TABLEAU

FAISANT CONNAITRE

les groupements constitués des établissements

et la composition des Commissions d'administration des masses

Les chantiers temporaires sont rattachés à l'établissement le plus voisin dans lequel est gérée une masse d'assistance.

ÉTABLISSEMENT PRINCIPAL	ÉTABLISSEMENTS RATTACHÉS ET LEURS ANNEXES
GOUVERNEMENT MILITAIRE DE PARIS	
Paris. — Section technique de l'artillerie (Commission d'administration de cinq membres).	**Paris.** — Direction et inspection des forges. — Inspection permanente des fabrications de l'artillerie. — Annexe du parc d'artillerie de Vincennes. — Laboratoire central des poudres et salpêtres.
Paris. — Etablissement central du matériel de la télégraphie militaire (Commission d'administration de cinq membres).	**Paris.** — Section technique du génie. — Chefferie de Paris-Sud. — Chefferie de Paris-Nord. — Chefferie de Montrouge. — Ecole polytechnique. **Saint-Denis.** — Chefferie du génie.
Paris. — Magasin central du service de santé (Commission d'administration de cinq membres).	**Paris.** — Pharmacie centrale. — Section technique du service de santé. — Hôpital du Val-de-Grâce. — Hôpital Saint-Martin. — Administration centrale de la guerre. — Service géographique de l'armée.
Vanves. — Magasin général de l'habillement (Commission d'administration de cinq membres).	**Vanves.** — Docks du service de santé. **Paris.** — Manutention du Quai-Debilly. — Magasin des fourrages de Vaugirard. — Hôtel de l'intendance. — Liquidation des transports. — Section technique de l'intendance. — Dépôt des modèles. — Musée de l'armée et établissement des Invalides. — Magasin central des troupes coloniales.
Billancourt. — Magasin central du campement (Commission d'administration de cinq membres).	**Billancourt.** — Usine d'essai. — Magasin de réserve.

ÉTABLISSEMENT PRINCIPAL	ÉTABLISSEMENTS RATTACHÉS ET LEURS ANNEXES
Chalais-Meudon. — Etablissement central du matériel aéronautique militaire (Commission d'administration de cinq membres).	**Chalais-Meudon.** — Laboratoire d'aéronautique militaire.
Puteaux. — Atelier de construction (Commission d'administration de sept membres).	**Mont-Valérien.** — Annexe du parc d'artillerie de place de Versailles.
Vincennes. — Atelier de fabrication (Commission d'administration de sept membres).	
Vincennes. — Parc d'artillerie de place (Commission d'administration de cinq membres).	**Vincennes.** — Etablissement d'aviation militaire. — Chefferie du génie. — Ateliers de construction de l'intendance. — Magasin des fourrages. — Hôpital Bégin.
Versailles. — Parc d'artillerie de place (Commission d'administration de cinq membres).	**Versailles.** — Parc d'artillerie du 3e corps d'armée. — Commission des poudres de guerre. — Commission d'expériences. — Dépôt de matériel du génie. — Ecole des chemins de fer. — Etablissement central du matériel de guerre. — Commission d'études du génie. — Chefferie du génie. — Ecole militaire du génie — Magasin des vivres. — Hôpital militaire. **Saint-Germain.** — Manutention militaire.

ÉTABLISSEMENT PRINCIPAL	ÉTABLISSEMENTS RATTACHÉS ET LEURS ANNEXES
Saint-Cyr. — Ecole spéciale militaire (Commission d'administration de cinq membres).	**Saint-Cyr.** — Dépôt de matériel aéronautique. — Magasin des vivres. **La Boissière.** — Orphelinat Hériot. **Rambouillet.** — Ecole militaire préparatoire.
Sevran-Livry. — Poudrerie nationale (Commission d'administration de sept membres).	
Le Bouchet. — Poudrerie militaire (Commission d'administration de sept membres).	

1re RÉGION.

Lille. — Magasin central de l'habillement et du campement (Commission d'administration de cinq membres).	**Lille.** — Parc d'artillerie de place. — Chefferie du génie. — Magasin des fourrages. — Hôpital militaire. — Raffinerie nationale. **Condé.** — Hôpital militaire. **Maubeuge.** — Parc d'artillerie de place. — Chefferie du génie. — Hôpital militaire. **Valenciennes.** — Chefferie du génie.
Douai. — Atelier de construction (Commission d'administration de sept membres).	**Douai.** — Parc d'artillerie du 1er corps d'armée. **Arras.** — Dépôt de matériel du génie. — Chefferie du génie. **Cambrai.** — Hôpital militaire.

ÉTABLISSEMENT PRINCIPAL	ÉTABLISSEMENTS RATTACHÉS ET LEURS ANNEXES
Dunkerque. — Parc d'artillerie de place (Commission d'administration de trois membres).	**Dunkerque.** — Chefferie du génie. — Hôpital militaire. **Boulogne.** — Annexe du parc d'artillerie de Dunkerque. — Chefferie du génie. — Laboratoire des ciments. **Calais.** — Annexe du parc d'artillerie de place de Dunkerque. — Hôpital militaire. **Montreuil-sur-Mer.** — Ecole militaire préparatoire. **Saint-Omer.** — Annexe du parc d'artillerie de Calais. — Hôpital militaire.
Esquerdes. — Poudrerie nationale (Commission d'administration de cinq membres).	

2e RÉGION.

ÉTABLISSEMENT PRINCIPAL	ÉTABLISSEMENTS RATTACHÉS ET LEURS ANNEXES
Amiens. — Magasin régional de l'habillement (Commission d'administration de cinq membres).	**Amiens.** — Annexe du parc d'artillerie. — Chefferie du génie. **La Fère.** — Parc d'artillerie. — Chefferie du génie. **Laon.** — Parc annexe d'artillerie. — Manutention militaire. **Soissons.** — Annexe du parc d'artillerie.

ÉTABLISSEMENT PRINCIPAL	ÉTABLISSEMENTS RATTACHÉS ET LEURS ANNEXES
3e RÉGION.	
Vernon. — Annexe du parc d'artillerie du 3e corps d'armée (Commission d'administration de cinq membres).	**Rouen.** — Chefferie du génie. — Magasin régional de l'habillement. — Manutention militaire. — Magasin de fourrages. **Caen.** — Chefferie du génie. **Château-Regnault.** — Service du contrôle des forges. **Dives.** — Service du contrôle des forges. **Le Havre.** — Parc d'artillerie. — Chefferie du génie. — Manutention militaire.
4e RÉGION.	
Le Mans. — Magasin régional de l'habillement (Commission d'administration de trois membres).	**Le Mans.** — Parc d'artillerie du 4e corps d'armée. — Chefferie du génie. — Manutention militaire. **Auvours.** — Champ de tir. **Chartres.** — Annexe du parc d'artillerie. — Manutention militaire.
5e RÉGION.	
Orléans. — Magasin régional de l'habillement (Commission d'administration de cinq membres).	**Orléans.** — Parc d'artillerie du 5e corps d'armée. — Chefferie du génie. **Auxerre.** — Magasin de vivres. **Fontainebleau.** — Ecole militaire de l'artillerie. — Annexe du parc d'artillerie du 5e corps d'armée. — Chefferie du génie. — Manutention militaire. **Les Aubrais.** — Magasin de vivres. **Meaux.** — Magasin de subsistances.

ÉTABLISSEMENT PRINCIPAL	ÉTABLISSEMENTS RATTACHÉS ET LEURS ANNEXES
	6e RÉGION.
Camp de Châlons. — Annexe du magasin central de l'habillement et du campement de Reims (Commission d'administration de trois membres).	**Camp de Châlons.** — Ecole normale de tir. — Parc annexe d'artillerie. — Chefferie du génie. — Dépôt du matériel aéronautique militaire. — Magasin de vivres. — Hôpital militaire. **Châlons.** — Parc d'artillerie du 6e corps d'armée. — Chefferie du génie. — Manutention militaire.
Reims. — Magasin central de l'habillement et du campement (Commission d'administration de cinq membres).	**Reims.** — Parc d'artillerie de place. — Chefferie du génie. — Magasin des subsistances. **Givet.** — Hôpital militaire. **Les Ayvelles.** — Annexe du parc d'artillerie de place de Reims. **Mézières.** — Chefferie du génie. **Sedan.** — Hôpital militaire.
Verdun. — Chefferie du génie (Commission d'administration de cinq membres).	**Verdun.** — Parc d'artillerie de place. — Magasin des subsistances. **Commercy.** — Chefferie du génie. — Magasin de fourrages. **Longwy.** — Magasin de vivres. — Hôpital militaire (annexe de l'hôpital militaire de Sedan). **Montmédy.** — Hôpital militaire (annexe de l'hôpital militaire de Sedan). **Saint-Mihiel.** — Magasin de vivres.

ÉTABLISSEMENT PRINCIPAL	ÉTABLISSEMENTS RATTACHÉS ET LEURS ANNEXES
7e RÉGION.	
Besançon. — Atelier de fabrication (Commission d'administration de cinq membres).	
Besançon. — Magasin central de l'habillement et du campement (Commission d'administration de cinq membres).	**Besançon.** — Parc d'artillerie de place. — Parc d'artillerie du 7e corps d'armée. — Chefferie du génie. — Dépôt de matériel du génie. — Magasin de subsistances. **Bourg.** — Chefferie du génie. **Pontarlier.** — Annexe du parc d'artillerie du 7e corps d'armée.
Belfort. — Chefferie du génie (Commission d'administration de cinq membres).	**Belfort.** — Parc d'artillerie de place. — Magasin de subsistances. — Hôpital militaire. **Remiremont.** — Chefferie du génie.
Epinal. — Magasin de subsistances (Commission d'administration de cinq membres).	**Epinal.** — Parc d'artillerie de place. — Chefferie du génie. **Bourbonne-les-Bains.** — Hôpital militaire (pendant 5 mois). **Chaumont.** — Magasin de subsistances. **Dôle.** — Annexe du parc d'artillerie du 7e corps d'armée. — Magasin de subsistances. **Langres.** — Parc d'artillerie de place. — Chefferie du génie. — Manutention militaire.

ÉTABLISSEMENT PRINCIPAL	ÉTABLISSEMENTS RATTACHÉS ET LEURS ANNEXES
8e RÉGION.	
Bourges. — Ecole centrale de pyrotechnie (Commission d'administration de sept membres).	
Bourges. — Atelier de construction (Commission d'administration de sept membres).	**Bourges.** — Entrepôt de réserve générale du matériel. — Parc d'artillerie du 8e corps d'armée. — Chefferie du génie. — Magasin de l'habillement et du campement. — Manutention militaire. — Hôpital militaire.
Dijon. — Parc d'artillerie (Commission d'administration de cinq membres).	**Dijon.** — Chefferie du génie. — Magasin annexe du campement. — Manutention militaire. — Magasin de fourrages. — Parc de la Maladière. — Dock de Beaune. — Parc du Canal. **Autun.** — Ecole militaire préparatoire. **Chalon-sur-Saône.** — Manutention militaire. **Imphy.** — Service du contrôle des forges. **Le Creusot.** — Service du contrôle des forges. **Nevers.** — Magasin de vivres. — Magasin de fourrages.
Vonges. — Poudrerie nationale (Commission d'administration de cinq membres).	

ÉTABLISSEMENT PRINCIPAL	ÉTABLISSEMENTS RATTACHÉS ET LEURS ANNEXES
9e RÉGION.	
Tours. — Magasin régional de l'habillement et du campement (Commission d'administration de trois membres).	**Tours.** — Chefferie du génie. — Manutention militaire. **Angers.** — Parc annexe d'artillerie. — Dépôt de matériel du génie. **Châteauroux.** — Annexe du parc d'artillerie. **Poitiers.** — Parc d'artillerie du 9e corps d'armée. — Chefferie du génie.
Le Ripault. — Poudrerie nationale (Commission d'administration de sept membres).	
10e RÉGION.	
Rennes. — Atelier de construction (Commission d'administration de sept membres).	**Rennes.** — Parc d'artillerie. — Chefferie du génie. — Magasin central d'habillement et du campement. — Parc à fourrages. — Hôpital militaire. **Coëtquidan.** — Parc d'artillerie du 10e corps d'armée.
Cherbourg. — Parc d'artillerie de place (Commission d'administration de cinq membres).	**Cherbourg.** — Chefferie du génie. — Magasin annexe du campement.

ÉTABLISSEMENT PRINCIPAL	ÉTABLISSEMENTS RATTACHÉS ET LEURS ANNEXES
11e RÉGION.	
Nantes. — Magasin central de l'habillement et du campement (Commission d'administration de cinq membres)	**Nantes.** — Annexe du parc d'artillerie du 11e corps d'armée. — Chefferie du génie. — Magasin de vivres. **Belle-Ile.** — Annexe du parc d'artillerie. **Lorient.** — Parc d'artillerie de place. — Chefferie du génie. — Magasin administratif des troupes coloniales. **Vannes.** — Parc d'artillerie du 11e corps d'armée.
Brest. — Parc d'artillerie de place (Commission d'administration de cinq membres).	**Brest.** — Chefferie du génie. — Manutention militaire. — Magasin administratif des troupes coloniales.
Le Moulin-Blanc. — Poudrerie nationale (Commission d'administration de sept membres).	
Le Pont-de-Buis. — Poudrerie nationale (Commission d'administration de sept membres).	
12e RÉGION.	
Tulle. — Manufacture nationale d'armes (Commission d'administration de sept membres).	**La Courtine** (Camp de). **Limoges.** — Parc annexe d'artillerie. — Chefferie du génie. — Magasin régional de l'habillement et du campement.
Angoulême. — Poudrerie nationale (Commission d'administration de sept membres).	**Angoulême.** — Parc d'artillerie du 12e corps d'armée. **La Braconne.** — Annexe du parc d'artillerie du 12e corps d'armée.

ÉTABLISSEMENT PRINCIPAL	ÉTABLISSEMENTS RATTACHÉS ET LEURS ANNEXES
13e RÉGION.	
Clermont-Ferrand. — Parc d'artillerie (Commission d'administration de cinq membres).	**Clermont-Ferrand.** — Annexe du parc d'artillerie. — Chefferie du génie. — Magasin central de l'habillement et du campement. — Manutention militaire. **Moulins.** — Annexe du parc d'artillerie du 13e corps d'armée. **Vichy.** — Hôpital militaire.
Saint-Etienne. — Manufacture nationale d'armes (Commission d'administration de sept membres).	**Saint-Etienne.** — Service du contrôle des forges. — Chefferie du génie. **Rive-de-Gier.** — Service du contrôle des forges. **Saint-Chamond.** — Service du contrôle des forges.
14e RÉGION.	
Lyon. — Atelier de construction (Commission d'administration de sept membres).	**Lyon.** — Parc d'artillerie de place. — Inspection des forges.
Lyon. — Magasin général d'habillement (Commission d'administration de cinq membres).	**Lyon.** — Chefferie du génie. — Magasin de subsistances. — Hôpital militaire de Villemanzy. — Hôpital d'instruction Desgenettes.

ÉTABLISSEMENT PRINCIPAL	ÉTABLISSEMENTS RATTACHÉS ET LEURS ANNEXES
Grenoble. — Parc d'artillerie de place (Commission d'administration de cinq membres).	**Grenoble.** — Parc d'artillerie du 14e corps d'armée. — Chefferie du génie. — Dépôt de matériel du génie. — Magasin de subsistances. — Hôpital militaire. **Albertville.** — Fort de Villars. — Fort d'Arlon. — Chefferie du génie. — Pénitencier militaire. **Briançon.** — Parc d'artillerie de place. — Chefferie du génie. — Magasin de fourrages. — Hôpital militaire. **Chambaran.** — Annexe du parc d'artillerie du 14e corps d'armée. **Chambéry.** — Chefferie du génie. — Magasin annexe de l'habillement. — Hôpital militaire. **Gap.** — Chefferie du génie. — Magasin de fourrages.
Valence. — Cartoucherie (Commission d'administration de sept membres).	**Valence.** — Annexe du parc d'artillerie du 14e corps d'armée.

15e RÉGION.

ÉTABLISSEMENT PRINCIPAL	ÉTABLISSEMENTS RATTACHÉS ET LEURS ANNEXES
Marseille. — Magasin général de l'habillement (Commission d'administration de cinq membres).	**Marseille.** — Parc d'artillerie. — Chefferie du génie. — Manutention militaire. — Magasin de fourrages. — Réserve du matériel du service de santé. — Réserve des médicaments. — Hôpital militaire. — Raffinerie nationale (annexe de la poudrerie de Saint-Chamas).

ÉTABLISSEMENT PRINCIPAL	ÉTABLISSEMENTS RATTACHÉS ET LEURS ANNEXES
Nice. — Parc d'artillerie de place (Commission d'administration de cinq membres).	**Nice.** — Chefferie du génie. — Annexe du campement. **Antibes** (Gaillon). — Annexe du parc d'artillerie. **Avignon.** — Dépôt de matériel du génie. — Chefferie du génie. **Nimes.** — Parc d'artillerie. — Annexe du campement. **St-Hippolyte-du-Fort.** — Ecole militaire préparatoire. **Ajaccio.** — Annexe de la chefferie du génie de Bastia. — Hôpital militaire. **Bastia.** — Parc d'artillerie de place de Corse. — Chefferie du génie. — Hôpital militaire. **Corte.** — Parc d'artillerie de place de Corse.
Toulon. — Parc d'artillerie de place (Commission d'administration de cinq membres).	**Toulon.** — Chefferie du génie. — Annexe du campement. — Manutention militaire.
Saint-Chamas. — Poudrerie nationale (Commission d'administration de cinq membres).	

16e RÉGION.

ÉTABLISSEMENT PRINCIPAL	ÉTABLISSEMENTS RATTACHÉS ET LEURS ANNEXES
Montpellier. — Magasin régional de l'habillement et du campement (Commission d'administration de cinq membres)	**Montpellier.** — Annexe du parc d'artillerie du 16e corps d'armée. — Dépôt du matériel du génie. — Chefferie du génie. — Manutention militaire. **Amélie-les-Bains.** — Hôpital militaire. **Castres.** — Parc d'artillerie du 16e corps d'armée. — Parc à fourrages.

ÉTABLISSEMENT PRINCIPAL	ÉTABLISSEMENTS RATTACHÉS ET LEURS ANNEXES
	Lunel. — Parc annexe d'artillerie. **Perpignan.** — Parc annexe d'artillerie. — Chefferie du génie. — Magasin annexe du campement. — Hôpital militaire.
17e RÉGION.	
Toulouse. — Atelier de fabrication (Commission d'administration de sept membres).	**Toulouse.** — Parc d'artillerie du 17e corps d'armée.
Toulouse. — Magasin général de l'habillement et du campement (Commission d'administration de cinq membres).	**Toulouse.** — Chefferie du génie. — Manutention militaire. — Hôpital militaire. **Montauban.** — Annexe du parc d'artillerie du 17e corps d'armée. — Chefferie du génie.
Toulouse. — Poudrerie nationale (Commission d'administration de cinq membres).	
18e RÉGION.	
Bordeaux. — Magasin général de l'habillement (Commission d'administration de cinq membres).	**Bordeaux.** — Parc annexe d'artillerie. — Chefferie du génie. — Hôpital militaire. **La Rochelle.** — Parc d'artillerie de place. — Annexe de la chefferie du génie. — Magasin annexe du campement. — Hôpital militaire.

ÉTABLISSEMENT PRINCIPAL	ÉTABLISSEMENTS RATTACHÉS ET LEURS ANNEXES
	Rochefort. — Annexe du parc d'artillerie de place de La Rochelle. — Chefferie du génie.
Saint-Médard. — Poudrerie nationale (Commission d'administration de sept membres).	**Bordeaux.** — Annexe de la poudrerie de Saint-Médard.
Tarbes. — Atelier de construction (Commission d'administration de sept membres).	**Tarbes.** — Parc d'artillerie du 18e corps d'armée. — Service du contrôle des forges. — Annexe de la chefferie du génie de Bayonne. **Barèges.** — Hôpital militaire (du 12 juin au 15 septembre). **Bayonne.** — Annexe du parc d'artillerie du 18e corps d'armée. — Chefferie du génie. — Hôpital militaire. **Saint-Jean-Pied-de-Port.** — Annexe de la chefferie du génie de Bayonne.

19e RÉGION.

Alger. — Cartoucherie (Commission d'administration de cinq membres).	**Alger.** — Parc d'artillerie. — Parc à fourrages.
Alger. — Magasin général de l'habillement et du campement (Commission d'administration de cinq membres).	**Alger.** — Commandement supérieur du génie. — Chefferie du génie. — Manutention militaire. — Hôpital militaire. **Aumale.** — Hôpital militaire. **Batna.** — Manutention militaire. **Blida.** — Hôpital militaire.

ÉTABLISSEMENT PRINCIPAL	ÉTABLISSEMENTS RATTACHÉS ET LEURS ANNEXES
	Boghar. — Hôpital militaire. **Bou-Saada.** — Hôpital militaire. **Cherchell.** — Hôpital militaire. **Dellys.** — Chefferie du génie. — Hôpital militaire. **Djelfa.** — Hôpital militaire. **Fort-National.** — Hôpital militaire. **Koléa.** — Hôpital militaire. **Laghouat.** — Hôpital militaire. **Médéa.** — Chefferie du génie. — Hôpital militaire. **Miliana.** — Hôpital militaire. **Orléansville.** — Hôpital militaire. **Ténès.** — Hôpital militaire. **Teniet-el-Haad.** — Hôpital militaire. **Tizi-Ouzou.** — Hôpital militaire.
Oran. — Magasin du campement (Commission d'administration de cinq membres).	**Oran.** — Parc d'artillerie de place. — Chefferie du génie. — Hôpital militaire. **Aïn-Sefra.** — Hôpital militaire. **Arzew.** — Hôpital militaire. **Bel-Abbès.** — Annexe du campement. — Hôpital militaire. **Bossuet.** — Hôpital militaire. **Colomb.** — Hôpital militaire. **Géryville.** — Hôpital militaire. **Lourmel** (Champ de tir de). **Marnia.** — Hôpital militaire. **Mascara.** — Hôpital militaire. **Mostaganem.** — Hôpital militaire. **Nemours.** — Hôpital militaire. **Saïda.** — Chefferie du génie. — Annexe du campement. — Manutention militaire. — Hôpital militaire. **Tiaret.** — Hôpital militaire. **Tlemcen.** — Chefferie du génie. — Annexe du campement. — Hôpital militaire.

ÉTABLISSEMENT PRINCIPAL	ÉTABLISSEMENTS RATTACHÉS ET LEURS ANNEXES
Constantine. — Magasin du campement (Commission d'administration de cinq membres).	**Constantine.** — Parc d'artillerie de place. — Chefferie du génie. — Parc à fourrages. — Hôpital militaire. **Aïn-Beïda.** — Hôpital militaire. **Batna.** — Hôpital militaire. **Biskra.** — Hôpital militaire. **Bône.** — Chefferie du génie. — Annexe du campement. — Manutention militaire. — Hôpital militaire. **Bordj-bou-Arreridj.** — Hôpital militaire. **Bougie.** — Chefferie du génie. — Hôpital militaire. **Djidjelly.** — Hôpital militaire. **El-Milia.** — Hôpital militaire. **Guelma.** — Hôpital militaire. **Kenchela.** — Hôpital militaire. **La Calle.** — Hôpital militaire. **Philippeville.** — Annexe du parc d'artillerie de place de Constantine. — Magasin divisionnaire du campement. — Manutention militaire. **Sétif.** — Parc à fourrages. — Hôpital militaire. **Souk-Arras.** — Hôpital militaire. **Tebessa.** — Hôpital militaire. **Telegma.** — Annexe du parc d'artillerie de Constantine.

20e RÉGION.

ÉTABLISSEMENT PRINCIPAL	ÉTABLISSEMENTS RATTACHÉS ET LEURS ANNEXES
Nancy. — Chefferie du génie (Commission d'administration de cinq membres).	**Nancy.** — Parc à fourrages. — Hôpital militaire. **Lunéville.** — Chefferie du génie. — Parc à fourrages. **Pont-à-Mousson.** — Parc à fourrages.

ÉTABLISSEMENT PRINCIPAL	ÉTABLISSEMENTS RATTACHÉS ET LEURS ANNEXES
Toul. — Parc d'artillerie de place (Commission d'administration de cinq membres).	**Toul.** — Chefferie du génie. — Magasin du campement. — Manutention militaire. — Parc à fourrages. — Hôpital militaire. **Camp de Mailly.** — Parc d'artillerie du 20e corps d'armée. — Magasin régional de l'habillement. **Troyes.** — Chefferie du génie. — Magasin de vivres. — Parc à fourrages.
TUNISIE.	
Tunis. — Hôpital du Belvédère (Commission d'administration de trois membres).	**Tunis.** — Chefferie du génie. — Annexe du campement. **Bizerte.** — Parc d'artillerie. — Chefferie du génie. — Magasin de subsistances. — Hôpital militaire. **Gabès.** — Chefferie du génie. **La Goulette.** — Magasin divisionnaire.

ANNEXE III.

Documents se rapportant spécialement au service médical et pharmaceutique.

	Tarif du Département de la guerre pour la délivrance et le décompte des médicaments, objets de pansement et autres fournis par les pharmaciens civils.
	Nomenclature des appareils prothétiques à fournir au compte des masses particulières d'assistance en cas de maladie (Tableau A).
	I. — Énumération des accessoires qui doivent faire partie des approvisionnements des salles de consultation pour être livrés à titre de prêt temporaire aux malades (Tableau B).
	II. — Énumération des accessoires qui seront délivrés en toute propriété aux malades (Tableau B).

BULLETIN OFFICIEL DU MINISTÈRE DE LA GUERRE.

SERVICE D'ASSISTANCE EN CAS DE MALADIE

DANS LES ÉTABLISSEMENTS QUI EMPLOIENT UN PERSONNEL CIVIL D'EXPLOITATION.

NOMENCLATURE ET TARIFS DE BASE

des médicaments, objets de pansement et autres en usage dans ce service.

Les prix de ces tarifs sont ceux du tarif de la Société de prévoyance des pharmaciens de la Seine à l'usage des Sociétés de secours mutuels (Tarif Labeylonie).

NOTE PRÉLIMINAIRE.

§ 1. — La présente nomenclature donne l'énumération des médicaments, objets de pansement et autres que les médecins chargés du service dans les établissements de la Guerre qui emploient du personnel civil d'exploitation sont autorisés à faire figurer sur leurs ordonnances médicales.

Elle fait connaître, savoir :

La désignation des médicaments, objets de pansement et autres;

Dans une seconde colonne, « Quantités maxima », la quantité maxima de chaque médicament ou objet qui peut être portée sur une même ordonnance;

L'indemnité fixe afférente à la livraison de chaque médicament (c'est une indemnité de responsabilité dont on verra plus loin l'usage);

La nature de l'unité adoptée : poids, surface, nombre, etc.;

Quant aux prix qui constituent dans leur ensemble le tarif de base sur lequel, au moment de la passation des marchés, les pharmaciens soumissionnaires doivent faire porter les rabais ou surenchères qu'ils proposent, ce sont ceux qui figureront dans le tarif le plus récent édité par la Chambre syndicale des pharmaciens de la Seine à l'usage des œuvres d'assistance et de prévoyance sociales (tarif Labeylonie).

Pour les médicaments et objets décomptés d'après d'autres unités que les poids, ces prix sont indiqués dans la nomenclature;

Pour ceux qui sont décomptés d'après leur poids, la nomenclature indique, pour chacun d'eux, un numéro de référence qui renvoie, pour les prix à appliquer, aux barèmes annexés au tarif Labeylonie, dont chaque établissement intéressé devra posséder un exemplaire.

§ 2. — Les récipients de toute nature destinés à contenir les médicaments, ainsi que les bouchons de verre ou en métal, seront rendus par les ouvriers en fin de traitement; ils ne pourront être refusés pour défaut de nettoyage. Les récipients qui ne seraient pas rendus par les ouvriers seront payés par eux aux pharmaciens aux prix qui figurent à la fin de la nomenclature.

Restent à la charge des pharmaciens le papier à envelopper,

les bouchons de liège, les boîtes en carton et, en général, tous les objets qui ne peuvent servir qu'une fois.

§ 3. — La nomenclature se divise en quatre chapitres :

Le premier est réservé au tarif des manipulations nécessitées par les préparations magistrales; il contient les indications spéciales qui doivent servir de guide, à l'exception des manipulations concernant les ovules et les suppositoires, qui sont mentionnées à leur ordre alphabétique dans le second chapitre. Les analyses médicales et la rémunération du service de nuit sont mentionnées à la suite des manipulations.

Le second chapitre donne l'énumération des substances simples, des médicaments officinaux habituellement usités, de plusieurs préparations magistrales, de quelques accessoires de pharmacie et des eaux minérales les plus courantes. Il fait connaître les quantités maxima à ordonner, les prix ou les numéros de référence aux barèmes.

Le chapitre III renferme l'énumération et les prix de certains bandages et objets de pansement. Les prix des accessoires et bandages s'entendent d'objets de mesure courante et de fabrication simple.

Le quatrième chapitre donne le tarif de la verrerie.

Instruction pour l'usage de la nomenclature et des barèmes.

§ 1. — Le prix de la plupart des médicaments comprend :

a) Une partie invariable quelle que soit la dose; c'est l'indemnité fixe;

b) Une partie proportionnelle à la quantité de substance délivrée;

c) A ces deux quantités viennent s'ajouter, pour les préparations magistrales, des prix de manipulation qui sont indiqués dans le chapitre Ier.

L'indemnité fixe, indépendante de la quantité de substance délivrée, varie, au contraire, proportionnellement à la responsabilité du pharmacien. Nulle pour les produits anodins, elle augmente avec le degré d'attention que nécessite la mise en œuvre des substances, et elle atteint son maximum pour les produits les plus dangereux.

Le maximum de l'indemnité fixe est de 0 fr. 50; il ne doit jamais être dépassé, même lorsque plusieurs substances comportant une indemnité fixe sont réunies dans la même préparation. L'exécution d'une potion renfermant, par exemple, de la teinture de jusquiame, de la teinture d'aconit et de la teinture de belladone, ne donne droit qu'à une indemnité fixe de 0 fr. 50, bien que chacune de ces teintures, employée seule, comporte une indemnité fixe de 0 fr. 20.

Le prix de l'objet ou du médicament se trouve soit dans la nomenclature, soit dans les barèmes, auxquels renvoie un numéro de référence. Dans ces barèmes, on a multiplié, autant que possible, les quantités tarifées, de manière à éviter, dans la plupart des cas, le calcul des quantités intermédiaires. Le prix de toute quantité non prévue au barème A, B ou C sera fixé proportionnellement à celui de la quantité immédiatement inférieure, et ne devra jamais dépasser celui de la quantité immédiatement supérieure.

1er Exemple. — Soit à tarifer 12 grammes de sulfate de quinine. Indemnité fixe : 0 fr. 20; numéro de référence au barème C : 51. Le prix de 10 grammes étant 1 fr. 80, celui de 12 grammes sera 1 fr. 80 $\times \frac{12}{10}$=2 fr. 16. La somme de l'indemnité fixe et du prix du barème C donne donc 0 fr. 20+2 fr. 15= 2 fr. 35 pour prix de 12 grammes de sulfate de quinine.

2e Exemple. — Soit à tarifer 14 gr. 50 de sulfate de quinine : 1 fr. 80$\times \frac{14,5}{10}$=2 fr. 61. Le prix de 15 grammes étant de 2 fr. 50, celui de 14 gr. 50 ne peut lui être supérieur. La somme de l'indemnité fixe et du prix du barème C donne 0 fr. 20+2 fr. 50= 2 fr. 70 pour prix de 14 gr. 50 ou de 15 grammes de sulfate de quinine.

Les quantités supérieures à celles qui sont prévues au barème A, B ou C doivent être tarifées d'après la plus forte quantité prévue, sans subir de réduction proportionnelle. Le prix de 60 grammes de sulfate de quinine, par exemple, serait de 4 fr. 65$\times \frac{60}{30}$=9 fr. 30, plus 0 fr. 20 d'indemnité fixe, soit 9 fr. 50.

§ 2. — Le prix des articles vendus au litre, au demi-litre, à la demi-bouteille, au mètre ou au nombre, figure dans la nomenclature.

L'indemnité fixe est comprise dans le prix des produits vendus au litre, au demi-litre et à la demi-bouteille.

Le prix des produits vendus au nombre s'obtient (comme celui des produits vendus au poids), proportionnellement au prix de la quantité immédiatement inférieure figurant au tarif, sans pouvoir dépasser le prix de la quantité immédiatement supérieure. L'indemnité fixe doit être ajoutée au prix ainsi obtenu. 30 granules de digitaline, par exemple, seront comptés 0 fr. 75+0 fr. 50=1 fr. 25, et 40 ou 45 granules de digitaline seront comptés, comme 50 granules, 1 fr. 50.

Nota. — Pour ne pas introduire de fractions de 5 centimes dans les mémoires, on les néglige quand elles sont inférieures à 3 centimes, et 3 et 4 centimes se comptent comme 5 centimes.

Lorsqu'une substance (autre que l'eau distillée) ne comporte pas d'indemnité fixe, son prix ne peut être inférieur à 0 fr. 10.

CHAPITRE Ier.

Tarif des manipulations pour les préparations magistrales.

1° Emplâtres sur peau ou sur sparadrap.

Le produit de la longueur d'un emplâtre, multipliée par sa largeur, donne sa surface en centimètres carrés, et c'est d'après la dimension de cette surface que les emplâtres sont taxés, conformément au tableau ci-dessous.

DÉNOMINATION DES EMPLATRES DIVISÉS EN CATÉGORIES.	CENTIMÈTRES CARRÉS DE SURFACE.	PRIX.
1re Catégorie. — Emplâtres de ciguë, de thapsia, vésicatoire de Vigo.	de 1 à 10	0 fr. 15
	— 11 — 25	0 25
	— 26 — 50	0 40
	— 51 — 75	0 60
	— 76 — 100	0 70
	— 101 — 150	0 80
	— 151 — 200	1 10
	— 201 — 300	1 40
	— 301 — 400	1 60
2e Catégorie. — Emplâtres de poix de Bourgogne, dia-	de 1 à 50	0 fr. 30
	— 51 — 100	0 50
	— 101 — 200	0 75
	— 201 — 300	1 10
	— 301 — 400	1 40
	— 401 — 500	1 70
3e Catégorie. — Emplâtres avec extraits (de ciguë, de belladone, etc.).	On établit le prix en ajoutant le prix des substances employées au prix d'un emplâtre de même surface et de la 1re catégorie. S'il y a plusieurs extraits, on ajoute un prix de manipulation de 0 fr. 25.	
4e Catégorie. — opium.	On calcule le prix de l'extrait d'opium, et on l'augmente d'un prix fixe de manipulation de 0 fr. 25.	

Le prix de la peau ou du sparadrap et celui de la masse emplastique qui sert à confectionner l'emplâtre se trouvent compris dans les prix indiqués par ce tableau.

Les emplâtres sont divisés en quatre catégories, suivant la valeur de la masse emplastique.

Si l'emplâtre doit être saupoudré, recouvert ou arrosé d'une substance quelconque, on ajoute au prix fixé par le tableau le prix de cette substance, plus 0 fr. 10 pour cette manipulation spéciale.

Une bordure de diachylum augmente d'un quart le prix de l'emplâtre.

Lorsque l'emplâtre est composé de plusieurs masses emplastiques, on ajoute un prix de manipulation de 0 fr. 25.

2° Collutoires, collyres, gargarismes, injections, lavements, liniments, loochs composés, lotions, mixtures, potions, sirops composés, solutions, vins composés.

Pour établir le prix de ces préparations, on fait d'abord le total de l'indemnité fixe et des prix de chacune des substances qui entrent dans leur composition, et l'on y ajoute un prix fixe de manipulation de 0 fr. 25, mais seulement dans les cas où l'emploi (simultané ou non) du mortier, ou du feu, ou du filtre est nécessaire. Ce prix n'est pas ajouté lorsque la préparation comporte déjà un prix de manipulation pour décoction, évaporation, infusion, lixiviation ou macération.

3° Electuaires, émulsions, glycérolés, opiats, pommades, poudres composées.

Les prix de ces préparations sont établis en ajoutant à l'indemnité fixe et au prix des substances, un prix proportionnel de manipulation fixé ainsi qu'il suit : jusqu'à 100 grammes, 0 fr. 30; de 101 à 250 grammes, 0 fr. 40; de 251 à 500 grammes, 0 fr. 60; de 501 à 1.000 grammes, 0 fr. 80.

S'il y a porphyrisation, il est ajouté une taxe supplémentaire de 0 fr. 20.

La mise en *tubes d'étain* de ces préparations est comptée 0 fr. 40, tube compris.

4° Décoctions, évaporations, infusions, lixiviations, macérations.

Les prix des décoctions, des évaporations, des infusions, des lixiviations et des macérations sont établis en ajoutant à l'indemnité fixe et au prix des substances, un prix proportionnel de manipulation fixé ainsi qu'il suit : jusqu'à 100 grammes, 0 fr. 25; de 101 à 250 grammes, 0 fr. 30; de 251 à 500 grammes, 0 fr. 50; de 501 à 1.000 grammes, 0 fr. 70.

5° Stérilisation.

1. La stérilisation d'un liquide par ébullition prolongée est fixée d'après la règle suivante :

Pour toute quantité égale ou inférieure à 100 gr. 0 fr. 30.
Pour toute quantité égale ou supérieure à 100 gr. 0 fr. 50.

2. Stérilisation à l'autoclave. . . . . 1 fr.

Nota. — A défaut d'indication spéciale, la taxe de stérilisation par ébullition prolongée est applicable à toutes les *injections hypodermiques.*

6° Bols, granules, paquets et pilules.

La division d'une poudre en paquets et la division d'une masse pilulaire en granules ou en pilules sont réglées comme il suit, d'après le nombre de granules, de paquets ou de pilules (en outre de l'indemnité fixe et du prix des substances) : de 1 à 10, 0 fr. 03 le granule, le paquet ou la pilule; à partir du 11e, 0 fr. 02 le granule, le paquet ou la pilule.

1er Exemple. — Pour la préparation de huit pilules, on compte huit fois 3 centimes, c'est-à-dire 0 fr. 24, qu'on ajoute à l'indemnité fixe et au prix des substances.

2e Exemple. — Pour la préparation de seize pilules, on compte, pour les dix premières, dix fois 3 centimes ou 0 fr. 30, et, pour les six autres, six fois 2 centimes ou 0 fr. 12, ce qui donne le total de 0 fr. 42, qu'on ajoute à l'indemnité fixe et au prix des substances.

Si la substance mise en paquets est une poudre composée, on ajoute, pour rémunérer la manipulation nécessitée par la prération de cette poudre, une somme de 0 fr. 25 au chiffre obtenu par le calcul ci-dessus.

Il est également ajouté un prix de manipulation de 0 fr. 25 pour la préparation de toute masse pilulaire.

Si les pilules doivent être argentées, le prix de manipulation ci-dessus est augmenté de 1 centime par pilule; il est doublé si elles doivent être enrobées, et triplé si elles doivent être kératinisées.

La préparation des *bols* est taxée comme celle des pilules argentées.

7° Cachets, pastilles et tablettes.

La division d'une poudre en cachets médicamenteux est réglée comme il suit, d'après le nombre de cachets (en outre de l'indemnité fixe et du prix des substances, mais y compris la valeur des rondelles de pain azyme) : de 1 à 10, 0 fr. 04 le cachet; à partir du 11e, 0 fr. 03 le cachet.

Si la substance mise en cachets est une poudre composée, on ajoute, pour rémunérer la manipulation nécessitée par la préparation de cette poudre, une somme de 0 fr. 25 au prix obtenu par le calcul ci-dessus.

La préparation des pastilles ou tablettes, d'après une formule spéciale, est comptée comme celle des cachets.

8° Capsules.

Le prix de manipulation pour les capsules gélatineuses préparées sur ordonnance spéciale est égal à trois fois le prix établi pour les cachets.

9° Numération des gouttes.

Lorsqu'une préparation renferme un ou plusieurs liquides dont la dose est prescrite *en gouttes* et non en poids, il est alloué un prix de manipulation de 0 fr. 10 pour chaque substance dont les gouttes doivent être comptées, sans que ce prix puisse dépasser 0 fr. 25.

10° Ampoules stérilisées.

Pour établir le prix de ces ampoules, lorsqu'elles sont préparées sur ordonnance spéciale, on additionne l'indemnité fixe, le prix des substances, et l'on ajoute un prix de manipulation de 0 fr. 30 par ampoule pour les dix premières et de 0 fr. 25 pour les suivantes.

Voir page 106 le prix des ampoules de formule courante.

11° Analyse d'urine.

Recherche qualitative du sucre, de l'albumine ou de la bile, avec indication de la densité et des autres caractères physiques de l'urine. . . . . 3 francs.

Examen microscopique du sédiment. . . . . 3 —

Dosage des éléments anormaux.	Sucre.	3 —
	Albumine.	3 —

Dosage des éléments normaux...	Urée.	3	—
	Acide urique. .	3	—
	Chlorures.	3	—
	Phosphates. . ..	3	—

(Cette somme de 3 francs est allouée aux pharmaciens, même dans les cas où il y a lieu d'exécuter l'un ou l'autre des dosages taxés dans la colonne ci-dessus.)

Analyse complète : 15 francs.

12° Analyse bactériologique.

15 francs.

13° Indemnité de nuit.

1 fr. 50 en plus du prix des médicaments.

EXEMPLES DE TARIFICATION.

			Indemnité fixe.	Manipulation.	Prix du barème.	Prix total.
Cachets :	Pepsine amylacée.........	15 gr. »	0.10		1.35	
	Oxalate de fer............	7 gr. 50	0.20		0.20	
	Hémoglobine.............	7 gr. 50	0.10		0.75	
	Mélanger			0.25		
	Diviser en 30 cachets			1. »		
			0.40 +	1.25 +	2.30 =	3.95
Cachets :	Salicylate de soude........	40 gr. »	0,20		0.90	
	En 40 cachets........................			1.30		
			0.20 +	1.30 +	0.90 =	2.40
Collyre :	Nitrate de pilocarpine.....	0 gr. 05	0.50		0.35	
	Chlorhydrate de cocaïne...	0 gr. 10	0.40		0.30	
	Eau distillée..............	10 gr. »	0.		0.05	
	Manipulation			0.25		
	L'indemnité fixe, dépassant 0 fr. 50, est ramenée à ce chiffre...........................		0.50 +	0.25 +	0.70 =	1.45
Solution :	Iodure de potassium.......	10 gr. »	0.10		0.75	
	Eau distillée...............	300 gr. »	0.		0 20	
	Manipulation			0.25		
			0.10 +	0.25 +	0 95 =	1.30
Suppositoires :	Onguent mercuriel double.	1 gr. 50	0.20		0.05	
	Extrait de belladone........	0 gr. 20	0.30		0 05	
	Extrait thébaïque..........	0 gr. 05	0.30		0.05	
	Beurre de cacao...........	2 gr. »	0.		compris dans le prix de la manipulation	
	Faire 10 suppositoires................			2. »		
	L'indemnité fixe, dépassant 0 fr. 50, est ramenée à ce chiffre...........................		0.50 +	2. » +	0.15 =	2.65
Pilules :	Méthylarsinate de soude...	1 gr. 50	0.40		0.40	
	Excipient	Q. S.	0.		0.	
	Faire une masse pilulaire............			0.25		
	Diviser en 30 pilules.................			0.70		
			0.40 +	0.95 +	0.40 =	1.75
Paquets :	Chlorure mercurique pulvérisé.....................	2 gr. 50	0.20		0.75	
	Acide tartrique pur pulvér..	10 gr. »				
	Soluté alcoolisé de carmin d'indigo sec à 5 pour 100.	X gouttes				
	En 10 paquets..........................			0.30		
			0.20 +	0.30 +	0.75 =	1.25
Potion :	Teinture de digitale.......	XX gouttes	0.20	0.10	0 05	
	Nitrate de potasse.........	5 gr. »	0.10		0.05	
	Oxymel scillitique.........	30 gr. »	0.20		0.30	
	Sirop des cinq racines....	40 gr. »	0.		0.25	
	Décocté de stigmates de maïs..................	100 gr. »	0.	0.25	0.10	
			0.50 +	0.35 +	0.75 =	1.60

CHAPITRE II.

Médicaments.

DÉSIGNATION DES MÉDICAMENTS.	QUANTITÉ MAXIMA.	INDEMNITÉ FIXE.	UNITÉ.	NUMÉROS de RÉFÉRENCE ou prix.
	gr.	fr. c.		N°
A.				
Absinthe, feuilles mondées	30	»	Poids	11
— feuilles pulvérisées	10	0 10	—	17
Acétanilide (antifébrine)	8	0 20	—	34
Acétate d'ammoniaque liquide (esprit de mindererus)	30	0 10	—	14
— de plomb cristallisé	5	0 20	—	15
— (Sous-) de plomb liquide (extrait de saturne)	100	0 10	—	10
— de potasse	40	0 10	—	23
— de soude	40	0 10	—	22
Acide acétique cristallisable	10	0 20	—	26
— acétyl salicylique (aspirine)	8	0 20	—	37
— arsénieux pulvérisé	1	0 50	—	13
— azotique officinal	10	0 20	—	13
— — du commerce	30	»	—	9
— benzoïque	5	0 20	—	34
— borique officinal	120	»	—	10
— — pulvérisé	30	0 10	—	11
— chlorhydrique officinal	10	0 20	—	13
— — du commerce	100	»	—	2
— chromique cristallisé	5	0 40	—	30
— — en solution (Codex)	30	0 30	—	26
— chrysophanique	5	0 30	—	48
— citrique pulvérisé	10	0 10	—	26
— cyanhydrique (prussique) officinal	1	0 50	—	30
— gallique	10	0 20	—	31
— lactique officinal	20	0 10	—	33
— phénique (phénol) officinal	50	0 20	—	21
— — liquide ordinaire	100	»	—	7
— phosphorique officinal	8	0 20	—	22
— picrique	10	0 20	—	23
— — solution aqueuse	250	0 10	—	8
— pyrogallique	10	0 30	—	38
— salycilique	10	0 20	—	30
— sulfurique officinal	10	0 20	—	13
— sulfurique du commerce	100	»	—	3
— tartrique pulvérisé	20	0 10	—	25
— thymique (thymol) cristallisé	10	0 20	—	40
— valérianique officinal	1	0 30	—	37
Aconit napel, feuilles mondées	10	0 20	—	13
— pulvérisé	1	0 30	—	18
Aconitine	5 milligr.	0 50	—	77
Adrénaline, solution au 1/1000e	5	0 40	—	57
Agar-Agar (gélose)	10	»	—	33
— pulvérisé	5	»	—	39
Agaric blanc pulvérisé	5	0 20	—	30
Alcool officinal à 95° (1)	100	»	—	31
— rectifié à 90° (1)	100	»	—	27
— — à 80° (1)	100	»	—	24
— — à 60° (1)	200	»	—	20

(1) Ces alcools ne seront délivrés que s'ils entrent dans une préparation magistrale.

DÉSIGNATION DES MÉDICAMENTS.	QUANTITÉ MAXIMA.	INDEMNITÉ FIXE.	UNITÉ.	NUMÉROS de RÉFÉRENCE ou prix.
	fr. c	fr. c.		
Alcool camphré fort	125	»	Poids	24
— camphré faible (eau-de-vie camphrée)	200	»	—	19
— sulfurique (eau de Rabel)	10	0 20	—	28
Alcoolat de cochléaria composé	50	»	—	26
— de Fioraventi (baume)	100	»	—	26
— de mélisse composé (eau de mélisse des Carmes)	30	»	—	28
— de menthe	10	»	—	28
— vulnéraire	5	»	—	26
Alcoolature vulnéraire (teinture vulnéraire	50	»	—	25
Alcoolatures d'aconit, d'anémone pulsatille et autres plantes indigènes	5	0 20	—	30
Aldéhyde formique (formaldéhyde, formol, soluté officinal)	100	0 20	—	17
Aloès du Cap	5	»	—	14
— pulvérisé	5	0 10	—	19
Alun (sulfate d'alumine et de potasse) pulvérisé	50	»	—	8
— calciné	40	0 10	—	14
Amadou	10	»	—	28
Amidon pulvérisé	500	»	—	9
Amidopyrine (Pyramidon)	4	0 10	—	49
Ammoniaque officinale	10	0 10	—	14
— ordinaire (du commerce)	30	»	—	9

AMPOULES	QUANTITÉ MAXIMA.	INDEMNITÉ FIXE.	NOMBRE.	PRIX.
	gr.	fr. c.		fr. c.
Ampoules de cacodylate de soude à 1, 2 ou 5 centigrammes; de glycérophosphate de soude à 0 gr. 20; d'héroïne à 1 centigramme; de méthylarsinate de soude à 5 centigrammes, de morphine à 1 ou 2 centigrammes	12	»	les 6 les 12 1 ampoule	2 50 4 » 0 40
— de nitrite d'amyle pour inhalations	12	»	6 — 10 —	1 80 3 »
— de sérum (voir : *Sérum*).				
— autres que celles ci-dessus. Additionner l'indemnité fixe, le prix des substances et le prix de la manipulation	12	Variable	»	»

DÉSIGNATION DES MÉDICAMENTS.	QUANTITÉ MAXIMA.	INDEMNITÉ FIXE.	UNITÉ.	NUMÉROS de RÉFÉRENCE ou prix.
	gr.	fr. c.		N°
Analgésine (antipyrine)	10	0 10	Poids	39
Anis vert	40	»	—	14
— pulvérisé	20	»	—	18
— étoilé (badiane)	40	»	—	18
— — pulvérisé	20	»	—	20

DÉSIGNATION DES MÉDICAMENTS.	QUANTITÉ MAXIMA.	INDEMNITÉ FIXE.	UNITÉ.	NUMÉROS de RÉFÉRENCE ou prix.
		fr. c.		
Antifébrine (acétanilide)	8 gr.	0 20	Poids	N° 34
Antimoine diaphorétique (oxyde blanc d'antimoine)	10 —	0 10	—	— 28
Antipyrine (analgésine)	10 —	0 10	—	— 39
Apiol liquide	5 —	0 80	—	— 40
Apomorphine (chlorhydrate)	5 centigr.	0 50	—	— 70
Aristol (iodo-thymol)	15 gr.	0 20	—	— 46
Armoise commune	30 —	»	—	— 12
Arnica, fleurs	10 —	»	—	— 14
Arrhénal (méthylars. de soude)	50 centigr.	0 40	—	— 47
Arséniate de fer	50 —	0 50	—	— 31
— de potasse ou de soude	50 —	0 50	—	— 22
Arsénites (mêmes prix que les arséniates)	50 —	0 50	—	31 ou 22
Asa fœtida pulvérisé	8 gr.	»	—	— 24
Aspirine (acide acétysalicylique)	8 —	0 20	—	— 37
Atropine et ses sels (à l'exception du valérianate)	10 centigr.	0 50	—	— 72
Axonge lavée ou benzoïnée (1)	60 gr.	»	—	— 18
Azotate d'aconitine	5 milligr.	0 50	—	— 77
— d'argent cristallisé ou fondu	1 gr.	0 30	—	— 52
— (sous-) de bismuth	30 —	»	—	— 39
— (sous-) de mercure (turbith nitreux)	5 —	0 30	—	— 33
— de pilocarpine	20 centigr.	0 50	—	— 72
— de potasse (sel de nitre pulvérisé)	20 gr.	0 10	—	— 10
B.				
Badiane (anis étoilé)	40 gr.	»	—	— 18
— pulvérisé	20 —	»	—	— 20
Baies de genièvre	60 —	»	—	— 7
Bandes pour pansement. (Voir : *Objets de pansement.*)				
Bassin de lit en tôle émaillée, forme pelle (2)	»	»	la pièce	Prix 10 fr.
Baudruche gommée	0m 25	»	longueur	prix
Id.	»	»	0m 10	0 30
Id.	»	»	0m 05	0 20
Baume du Commandeur (teinture balsamique)	30 gr.	»	poids	N° 27
— de copahu	100 —	0 10	—	— 28
— — solidifié	100 —	0 10	—	— 29
— de Fioravanti	100 —	»	—	— 26
— Nerval	5 —	»	—	— 33
— Opodeldoch solide	1/2 flacon	»	1/2 flacon	Prix 0 90
— du Pérou	5 gr.	0 10	poids	N° 37
— de tolu	5 —	»	—	— 34
— Tranquille	100 —	0 10	—	— 18
Belladone, feuilles mondées	15 —	0 20	—	— 17
— pulvérisée	1 —	0 30	—	— 21
Benjoin	20 —	»	—	— 32
— pulvérisé	10 —	»	—	— 33
Benzine officinale (Benzol)	10 —	»	—	— 17

(1) Ne sera délivrée que si elle fait partie d'une préparation composée.

(2) Ne sera pas délivré aux malades, mais seulement aux établissements.

DÉSIGNATION DES MÉDICAMENTS.	QUANTITÉ MAXIMA.	INDEMNITÉ FIXE.	UNITÉ.	NUMÉROS de RÉFÉRENCE ou prix.
		fr. c.		
Benzoate d'ammoniaque, de chaux	10 gr.	0 20	Poids	N° 37
— de lithine	10 —	0 20	—	— 38
— de mercure	5 —	0 30	—	— 38
— de soude	10 —	0 10	—	— 34
Benzonaphtol	12 —	0 10	—	— 34
Bétol (salicylate de naphtol, salinaphtol)	12 —	0 20	—	— 37
Beurre de cacao	30 —	»	—	— 28
— de muscades	5 —	»	—	— 34
Biberettes en porcelaine	1 N	»	la pièce	Prix 1 50
Bicarbonate de potasse	10 gr.	0 10	poids	N° 15
Bichlorures, biiodures. (Voir : *Chlorures, iodures.)*				
Bisulfite de soude (solution)	50 —	0 10	—	— 6
Blanc de baleine (cétine)	5 —	»	—	— 30
Bleu de méthylène officinal	10 —	0 20	—	— 45
Boldo, feuilles	10 —	»	—	— 19
Borate de soude (borax) pulvérisé	50 —	»	—	— 9
Bougies camphrées	2 N	»	la pièce	Prix 0 20
— en gomme noire	2 N	»	—	— 1 »
— — coniques ou olivaires	2 N	»	—	— 1 75
— en gomme blonde	2 N	»	—	— 1 25
— — coniques ou olivaires.	2 N	»	—	— 2 »
— uréthrales à tous médicaments	5 N	»	—	— 1 »
— uréthrales à tous médicaments	5 N	»	les cinq	— 4 »
Bouillon blanc (molène), feuilles	30 gr.	»	poids	N° 12
— — fleurs	40 —	»	—	— 27
Bourdaine, écorce	30 —	0 10	—	— 17
Bourgeons de sapin	50 —	»	—	— 18
Bourrache, fleurs	30 —	»	—	— 21
Bouts de sein cristal sans tube	1 N	»	la pièce	Prix 0 75
— — — avec tube	1 N	»	—	— 1 »
Brome	1 gr.	0 40	poids	N° 33
Bromhydrate d'arécoline	1 centigr.	0 50	—	— 78
— de cicutine	1 —	0 50	—	— 71
— de quinine	4 gr.	0 20	—	— 53
Bromoforme	4 —	0 30	—	— 38
Bromure d'ammonium	15 —	0 10	—	— 30
— de calcium	5 —	0 10	—	— 33
— de camphre (camphre monobromé)	10 —	0 20	—	— 38
— d'éthyle (éther bromhydrique)	5 —	0 20	—	— 45
— — en ampoules de 30 gr.	1 N	»	l'une	Prix 6 »
— de potassium	30 gr.	0 10	poids	N° 33
— de sodium	30 —	0 20	—	— 34
— de strontium	15 —	0 20	—	— 34
Busserole (uva ursi), feuilles	30 —	»	—	— 11
C.				
Cachou pulvérisé	20 —	»	—	N° 29
Cacodylate de fer	1 —	0 40	—	— 50
— de soude	1 —	0 40	—	— 45
Café torréfié (infusion de) (1)	100 —	»	les 30 gr.	Prix 0 40
Id.	100 —	»	les 100 gr.	— 0 60
Caféine	5 —	0 20	poids	N° 48

(1) Ne sera délivrée que si elle fait partie d'une préparation composée.

DÉSIGNATION DES MÉDICAMENTS.	QUANTITÉ MAXIMA.	INDEMNITÉ FIXE.	UNITÉ	NUMÉROS de RÉFÉRENCE ou prix.
	gr.	fr. c.		
Calomel pur ou additionné d'une poudre inerte	5	0 20	Poids	N° 31
Camomille romaine	15	»	—	— 23
— — pulvérisée	5	»	—	— 26
Camphre	10	»	—	— 32
— pulvérisé	30	»	—	— 33
— monobromé (bromure de camphre)	10	0 20	—	— 38
Cannelle de Ceylan	10	»	—	— 30
— — pulvérisée	20	»		— 31
Cantharides pulvérisées	1	0 40	—	— 39
Cantharidine	1 centigr.	0 50	—	— 80
Canule en gomme	2 N	»	la pièce	Prix 0 50
— — à injections pour femmes	2 N	»	—	— 1 00
— en verre cristal	2 N	»	—	— 0 60
— à lavement, en os	1 N	»	—	— 0 40
— rectale Nélaton	1 N	»	—	— 3 00
Capillaire du Canada	15 gr.	»	Poids	N° 25

CAPSULES GÉLATINEUSES.	QUANTITÉ MAXIMA.	INDEMNITÉ FIXE.	PRIX DES CAPSULES PAR 4	6	8	10	20	30	50	100
		fr. c	fr. c.	fr. c	fr. c.	fr. c.	fr. c.	fr. c	fr. c.	fr. c.
Capsules élastiques grosses contenant environ 4 grammes.										
Capsules d'huile de foie de morue	30 N	»	»	»	»	1 25	2 40	3 30	5 »	9 »
— — de ricin (4 capsules de 6 grammes)	4	»	0 80	»	»	»	»	»	»	»
— — de ricin (6 capsules de 4 grammes)	6	»	»	1 »	»	»	»	»	»	»
— — de ricin (8 capsules de 3 grammes)	8	»	»	»	1 20	»	»	»	»	»
Capsules ovales contenant environ 0 gr. 50										
Capsules de copahu, cubèbes et analogues	50	»	»	»	»	0 40	0 70	1 »	1 50	2 50
— d'extrait éthéré de fougère mâle	12	»	1 40	1 80	2 20	2 50	4 »	»	»	»
— — et calomel	12	»	1 60	2 10	2 60	3 »	5 »	»	»	»
— d'huile de foie de morue	50	»	»	»	»	0 40	0 70	1 »	1 50	2 50
— — créosotée	30	»	»	»	»	0 50	0 80	1 20	2 »	3 50
— — de ricin	20	»	»	»	»	0 50	0 80	1 20	2 »	3 50
— de térébenthine de Venise	20	»	»	»	»	0 75	1 20	1 80	2 50	4 »
Capsulines contenant environ 0 gr. 20.										
Capsules d'apiol	12	»	0 80	1 »	1 20	1 25	2 40	3 30	5 »	9 »
— d'essence de santal	50	»	»	»	»	0 90	1 75	2 50	3 50	6 »
— — et de salol	50	»	»	»	»	0 90	1 75	2 50	3 50	6 »
— — de térébenthine	50	»	»	»	»	0 75	1 20	1 80	2 50	4 »
— d'ichthyol	10	»	»	»	»	0 90	1 75	2 50	3 50	6 »
Capsules sphériques (perles) contenant environ 0 gr. 10.										
Capsules de bleu de méthylène	12	»	0 80	1 »	1 20	1 25	2 40	3 30	5 »	9 »
— de bromure de camphre	12	»	»	»	»	0 75	1 20	1 80	2 50	4 »
— de carbonate de gaïacol	20	»	»	»	»	1 25	2 40	3 30	5 »	9 »
— de chloral	20	»	»	»	»	0 75	1 20	1 80	2 50	4 »

CAPSULES GÉLATINEUSES.	QUANTITÉ MAXIMA.	INDEMNITÉ FIXE.	PRIX DES CAPSULES PAR 4	6	8	10	20	30	50	100
			fr.c.	fr.	fr.c.	fr.c.	fr.c.	fr.c	fr.c.	fr.c.
Capsules sphériques (perles) contenant environ 0 gr. 10										
Capsules de chloroforme	20 N	»	»	»	»	0 75	1 20	1 80	2 50	4 »
— de créosote de hêtre	50	»	»	»	»	0 40	0 70	1 »	1 50	2 50
— — — iodoformée	50	»	»	»	»	0 50	0 80	1 20	2 »	3 50
— d'essence d'eucalyptus	20	»	»	»	»	0 50	0 80	1 20	2 »	3 50
— — de santal	50	»	»	»	»	0 80	1 40	2 »	2 75	4 50
— — — et de salol	50	»	»	»	»	0 80	1 40	2 »	2 75	4 50
— — de térébenthine	50	»	»	»	»	0 40	0 70	1 »	1 50	2 50
— d'éther	20	»	»	»	»	0 50	0 80	1 20	2 »	3 50
— d'thérolés divers	20	»	»	»	»	0 75	1 20	1 80	2 50	4 »
— d'eucalyptol	50	»	»	»	»	0 50	0 80	1 20	2 »	3 50
— — iodoformé	50	»	»	»	»	0 75	1 20	1 80	2 50	4 »
— de gaïacol	50	»	»	»	»	0 75	1 20	1 80	2 50	4 »
— — iodoformé	50	»	»	»	»	0 80	1 40	2 »	2 75	4 50
— de goudron	50	»	»	»	»	0 25	0 40	0 50	0 75	1 25
— — créosoté	50	»	»	»	»	0 40	0 70	1 »	1 50	2 50
— d'ichthyol	20	»	»	»	»	0 75	1 20	1 80	2 50	4 »
— de térébenthine de Venise	50	»	»	»	»	0 40	0 70	1 »	1 50	2 50
— de terpine	20	»	»	»	»	0 75	1 20	1 80	2 50	4 »
— de terpinol	20	»	»	»	»	0 75	1 20	1 80	2 50	4 »

Les capsules de gluten sont facturées au prix des capsules gélatineuses correspondantes, avec une majoration de 50 p. 100.

DÉSIGNATION DES MÉDICAMENTS.	QUANTITÉ MAXIMA.	INDEMNITÉ FIXE.	UNITÉ.	NUMÉROS de RÉFÉRENCE ou prix.
			Poids.	
Carbonate d'ammoniaque	30 gr.	0 10	—	N° 14
— de chaux	30 —	»	—	— 12
— (Sous-) de fer (safran de mars apéritif)	15 —	0 10	—	— 14
— de gaïacol	4 —	0 20	—	— 43
— de lithine	10 —	0 20	—	— 38
— — effervescent	10 —	0 20	—	— 33
— de magnésie	30 —	»	—	— 13
— de potasse officinal (sel de tartre)	20 —	0 10	—	— 10
— (Bi-) de potasse	20 —	0 10	—	— 15
— de sodium pur	20 —	»	—	— 14
— de soude du commerce	500 —	»	—	— 2
— (Bi-) de soude pulvérisé	100 —	»	—	— 8
Carmin	50 centigr.	»	—	— 53
Carragaheen (fucus crispus)	50 —	»	—	— 11
Cascara sagrada pulvérisé	2 —	0 10	—	— 30
Castoréum pulvérisé	2 —	0 20	—	— 62
Caustique de Canquoin	10 —	0 30	—	— 32
— de Vienne (poudre de Vienne)	5 —	0 30	—	— 29
Centaurée (petite), sommités	30 —	»	—	— 14
Cérat de Galien	50 —	»	—	— 22
— laudanisé ou opiacé	30 —	0 10	—	— 26
— saturné	60 —	0 10	—	— 23
— simple ou sans eau	50 —	»	—	— 24
Charbon végétal pulvérisé	50 —	»	—	— 14
— naphtolé granulé	30 —	»	—	— 29
Chicorée, feuilles mondées	30 —	»	—	— 12
Chiendent coupé	60 —	»	—	— 10

DÉSIGNATION DES MÉDICAMENTS.	QUANTITÉ MAXIMA.	INDEMNITÉ FIXE.	UNITÉ.	NUMÉROS de RÉFÉRENCE ou prix.
		fr. c.		
Chloral hydraté (hydrate de chloral)...	12 gr.	0 20	Poids	N° 32
Chlorate de potasse..........................	50 —	0 10	—	— 17
— — pulvérisé..............................	10 —	0 10	—	— 18
— de soude................................	10 —	0 10	—	— 19
Chlorhydrate d'ammoniaque (chlorure d'ammonium, sel ammoniac) blanc pulvérisé............................	10 —	0 10	—	— 17
— de cocaïne..............................	1 —	0 40	—	— 66
— d'héroïne...............................	1 —	0 50	—	— 67
— de morphine............................	1 —	0 50	—	— 60
— de pilocarpine..........................	20 centigr.	0 50	—	— 72
— de quinine (neutre ou acide)........	4 gr.	0 20	—	— 53
Chloroforme................................	30 —	0 20	—	— 30
— pur anesthésique......................	30 —	0 40	—	— 35
— anesthésique en ampoules de 30 gr...	2 ampoules	»	l'une	Prix 3 »
— — — de 60 grammes.....................	1 —	»	—	— 5 »
Chlorure d'ammonium (chlorhydrate d'ammoniac, sel ammoniac) blanc pulvérisé............................	10 gr.	0 10	poids	N° 17
— de calcium cristallisé................	10 —	0 10	—	— 14
— de chaux (hypochlorite de chaux) sec	100 —	0 10	—	— 6
— — — liquide............................	250 —	0 10	—	— 4
— d'éthyle en tubes de 10 grammes....	1 tube	»	tube	Prix 1 50
— (Per-) de fer liquide..................	20 gr.	0 20	poids	N° 24
— (Proto-) de fer.........................	10 —	0 10	—	— 30
— de méthyle.............................	30 —	0 20	—	— 30
— — (location du récipient, par jour 1 franc)............................	» —	»	»	»
— — (remplissage du récipient, 1 fr. 75)	» —	»	»	»
— (Proto-) de mercure pur ou additionné de poudre inerte..............	5 —	0 20	—	— 31
— (Bi-) de mercure (sublimé corrosif).	5 —	0 20	—	— 31
— (mélange de bi-) de mercure et d'acide tartrique coloré ou non........	10 —	0 20	—	— 37
— d'or et de sodium......................	10 centigr.	0 30	—	— 75
— de sodium officinal....................	30 gr.	0 10	—	— 15
— — (sel blanc ordinaire)...............	250 gr.	»	—	— 4
— de soude liquide (hypochlorite de soude, liqueur de Labarraque)....	250 —	0 10	—	— 8
— de zinc pur.............................	10 —	0 30	—	— 31
— — liquide pour désinfections........	250 —	0 10	—	— 9
Chrysarobine..............................	5 —	0 30	—	— 41
Cigarettes médicinales (de belladone, de datura stramonium)..................	20 cigaret.	»	la pièce les dix	Prix 0 10 — 0 75
Ciguë, semences fraîchement pulvérisées.....................................	2 gr	0 30	poids	N° 25
Cire blanche..............................	30 —	»	—	— 27
Citrate de fer ammoniacal.............	10 —	0 10	—	— 30
— de magnésie vrai......................	30 —	0 10	—	— 31
Coaltar émulsionné......................	100 —	»	—	— 16
Coca, feuilles.............................	30 —	0 10	—	— 26
Cocaïne....................................	1 —	0 40	—	— 70
Cochenille pulvérisée....................	1 —	»	—	— 30
Codéine et ses sels......................	30 centigr.	0 50	—	— 66
— (phosphate de).........................	30 —	0 50	—	— 72
Coings (semences de)....................	30 gr.	»	—	— 30
Colchicine.................................	2 centigr.	0 50	1 centigr.	Prix 0 50
Colchique, semences pulvérisées........	2 gr.	0 30	poids	N° 32
Cold-Cream................................	30 —	»	—	— 27
Collargol..................................	50 centigr.	0 30	—	— 66
Collodion (élastique ou non)............	30 gr.	»	—	— 29
— iodoformé ou salicylé................	10 —	0 20	—	— 35
Collyre sec au *calomel*.................	5 —	»	5 gr.	Prix 0 80

DÉSIGNATION DES MÉDICAMENTS.	QUANTITÉ MAXIMA.	INDEMNITÉ FIXE.	UNITÉ.	NUMÉROS de RÉFÉRENCE ou prix.
		fr. c.		
Colombo, racine.	60 gr.	»	Poids	N° 18
— pulvérisée.	10 —	0 10	—	— 20
Colophane pulvérisée.	10 —	»	—	— 14
Coloquinte pulvérisée.	1 —	0 30	—	— 34
Comprimés de carbonate de chaux.	30 N	»	—	— 29
— de chlorate de potasse.	50 N	»	—	— 27
— d'hydrate de magnésie.	30 N	»	—	— 31
— de rhubarbe.	10 N	»	—	— 34
— de saccharine.	10 N	»	—	— 46
— de sublimé, à 0,25.	20 N	0 20	les dix	Prix 1 »
— de sublimé, à 0,50.	10 N	0 20	—	— 1 20
Compte-gouttes calibré.	1	»	la pièce	— 0 40
— — avec étui en bois.	1	»	—	— 0 50
Condurango, écorce concassée.	30 gr.	0 10	poids	N° 23
— pulvérisée.	10 —	0 10	—	— 27
Coquelicot, fleurs.	30 —	»	—	— 28
Coriandre (semences).	30 —	»	—	— 10
Coton iodé.	30 —	»	—	— 37
Courges (semences).	100 —	»	—	— 20
Cousso, fleurs pulvérisées.	20 —	0 20	—	— 34
Craie préparée (carbonate de chaux).	30 —	»	—	— 12
Crayons utérins, à tous médicaments.	2 crayons.	»	la pièce	Prix 1 »
Crême de tartre (bitartrate de potasse) pulvérisée.	30 gr.	0 10	poids	N° 21
— de tartre soluble (tartrate borico-potassique).	30 —	0 10	—	— 23
Créoline.	250 —	»	—	— 11
Créosotal (carbonate de créosote).	10 —	0 20	—	— 40
Créosote de bois de hêtre officinale.	10 —	0 20	—	— 37
Crésylol officinal.	100 —	»	—	— 17
— sodique dissous.	200 —	»	—	— 15
Cryogénine.	6 —	0 20	—	— 56
Cubèbe pulvérisé.	100 —	0 10	—	— 34
Cyanure de mercure.	2 —	0 50	—	— 38
— de potassium pur.	1 —	0 50	—	— 30
Cynoglosse (masse pilulaire).	5 —	0 10	—	— 47
D.				
Datura stramonium, feuilles mondées.	15 gr.	0 20	—	— 12
— — pulvérisé.	5 —	0 30	—	— 19
Décoction blanche de Sydenham.	2 litres	»	1 litre	Prix 2 25
Idem.	2 —	»	1/2 —	— 1 25
Idem.	2 —	»	250 gr.	— 0 75
Idem.	2 —	»	100 —	— 0 60
Dermatol (gallate de bismuth).	20 gr.	0 20	poids	N° 43
Deuto-chlorures, *deuto-iodures* (voir *Chlorures*, *Iodures*).				
Dextrine.	500 —	»	poids	— 11
Diascordium.	20 —	0 20	—	— 30
Diastose (maltine).	5 —	0 10	—	— 55
Digitale pourprée, feuilles mondées.	5 —	0 20	—	— 13
— — pulvérisée.	5 —	0 30	—	— 20
Digitaline cristallisée (solution du Codex au 1/1000°).	50 centigr.	0 40	les 50 gouttes	Prix 0 20
Diodoforme (éthylène périodé).	5 gr.	0 20	poids	N° 54
Dionine.	50 centigr	0 50	—	— 71
Doigtier en caoutchouc.	1 N.	»	la pièce	Prix 0 40
— en cuir.	1 N	»	—	— 1 »
— en peau.	1 N.	»	—	— 1 25

DÉSIGNATION DES MÉDICAMENTS.	QUANTITÉ MAXIMA.	INDEMNITÉ FIXE.	UNITÉ.	NUMÉROS de RÉFÉRENCE ou prix.
		fr. c.		
Douce-amère, tiges coupées	60 gr.	»	Poids	N° 10
Douche d'Esmarch en tôle émaillée (de 2 litres, avec 1m,50 de tube de caoutchouc, canule et robinet (1)	»	»	la pièce	Prix 6 »
— le récipient seul (1)	»	»	—	— 3 »
— le tube de caoutchouc seul (1)	»	»	le mètre	— 2 »
E.				
Eau albumineuse	4 litres	»	le litre	Prix 1 50
— blanche	1 —	0 10	poids	N° 3
— boriquée	1 —	»	—	— 5
— camphrée	250 gr.	»	—	— 6
— de chaux	1/2 litre	0 10	—	— 4
— chloroformée	125 gr.	0 20	—	— 14
— de gomme	250 —	»	—	— 8
— de goudron	1 litre	»	—	— 3
— hémostatique	250 gr.	0 20	—	— 16
— naphtolée saturée à chaud	1/2 litre	0 10	—	— 8
— oxygénée officinale	1/2 —	0 20	—	— 14
— phagédénique	250 gr.	0 20	—	— 12
— phéniquée à 1 p. 100	500 —	0 10	—	— 4
— — à 2 p. 100 (Codex)	300 —	0 20	—	— 6
— — à 5 p. 100	300 —	0 20	—	— 8
— de Rabel (alcool sulfurique)	10 —	0 20	—	— 23
— saline purgative	1 flacon	»	le flacon	Prix 0 80
— sédative	500 gr.	0 10	poids	N° 3
— de Sedlitz	1 bouteille	»	la pièce	Prix 1 »
— végéto-minérale (de Goulard)	1 litre	0 10	le litre	— 1 35
— Id.	1 —	0 10	le 1/2 litre	— 0 80
Eau-de-vie allemande (teinture de Jalap comp.)	30 gr.	0 20	poids	N° 28
— camphrée (alcool camphré faible)	125 —	»	—	— 19
Eau distillée	2 litres	»	1 litre	Prix 0 40
— Id.	2 —	»	1/2 litre	— 0 25
— distillée de cannelle	30 gr.	»	poids	N° 14
— — de fleur d'oranger	50 —	»	—	— 14
— — de laurier-cerise	30 —	0 20	—	— 11
— — de rose	50 —	»	—	— 14

EAUX MINÉRALES.	QUANTITÉ MAXIMA.	UNITÉ.	PRIX. À PARIS.	PRIX. en PROVINCE.
			fr. c.	fr. c.
Eau minérale naturelle de La Bourboule	2 bout.	bouteille	0 80	0 85
— de Bonnes	Id.	3/4 litre	0 90	0 95
— Id.	Id.	1/2 —	0 75	0 80
— Id.	Id.	1/4 —	0 65	0 70
— de Bussang	Id.	bouteille	0 60	0 65
— de Châtelguyon	Id.	—	0 70	0 75

(1) Ne sera pas délivré aux ouvriers, mais seulement aux établissements.

EAUX MINÉRALES.	QUANTITÉ MAXIMA.	UNITÉ.	PRIX. A PARIS.	PRIX. en PROVINCE.
			fr. c.	fr. c.
Eau de Vals (toutes sources)	2 bout.	bouteille	0 70	0 75
— de Vichy (Célestins, Grande-Grille, Haute-Rive, Hôpital, Lardy)	Id.	—	0 70	0 75
— de Vichy (Larbaud-Saint-Yorre)	Id.	—	0 60	0 65
— de Vichy (Parc et Mesdames)	Id.	—	0 50	0 55
— de Vittel	Id.	—	0 70	0 75

DÉSIGNATION DES MÉDICAMENTS (*Suite*)	QUANTITÉ MAXIMA.	INDEMNITÉ FIXE.	UNITÉ.	NUMÉROS de RÉFÉRENCE ou prix.
		fr. c.		
Ecorce de chêne concassée	250 gr.	»	Poids	N° 9
— — pulvérisée (tan)	150 —	»	—	— 11
— d'orange amère	30 —	»	—	— 18
— de racine de grenadier	60 —	0 10	—	— 19
— de racine de grenadier pulvérisée	50 —	0 10	—	— 25
Ectogan (Peroxyde de zinc)	20 —	0 20	—	— 48
Electuaire de copahu (opiat)	5 —	»	—	— 34
Elixir de Kola	400 —	0 10	—	— 25
— de longue vie (teinture d'aloès composée)	20 —	0 10	—	— 25
— parégorique (teinture d'opium camphrée)	30 —	0 20	—	— 33
— de pepsine (Codex)	100 —	»	—	— 28
— de terpine (Codex)	300 —	0 10	—	— 27
Emétique (tartrate de potasse et d'antimoine) pulvérisé	50 centigr.	0 20	—	— 26
Emplâtre de ciguë	50 gr.	0 20	—	— 29
— diachylon	50 —	»	—	— 25
— de Vigo	50 —	0 20	—	— 27
— étendus sur peau ou sur sparadrap (voir le tarif des manipulations)	»	»	»	»
Emulsion d'huile de foie de morue	1 litre	»	le litre	Prix 1 75
Id.	Id.	»	le 1/2 litre	— 0 95
— simple du Codex (lait d'amandes)	250 gr.	»	poids	N° 10
Eponge préparée à la cire ou à la ficelle	30 —	»	—	— 45
Ergot de seigle pulvérisé	5 —	0 30	—	— 35
Ergotine (extrait mou d'ergot de seigle)	12 —	0 30	—	— 53
— (solution ou extrait fluide)	25 —	0 30	—	— 46
Ergotinine	5 milligr.	0 50	1 milligr.	Prix 0 20
Id.	5 —	0 50	5 —	— 0 60
Esérine et ses sels	5 centigr.	0 50	1 centigr.	— 0 40
Id.	5 —	0 50	2 —	— 0 70
Id.	5 —	0 50	5 —	— 1 25
Espèces vulnéraires (Codex)	30 gr.	»	poids	N° 15
— pectorales (fleurs pectorales)	30 —	»	—	— 22
Esprit de mindererus (acétate d'ammoniaque liquide)	30 —	0 10	—	— 14
Esprits (voir : *Alcoolats*).				
Essences (voir : *Huiles volatiles*).				
Ether acétique	10 —	0 10	poids	N° 33
— bromhydrique (bromure d'éthyle)	20 —	0 20	—	— 45
— iodhydrique (iodure d'éthyle)	5 —	0 20	—	— 51
— iodoformé au 1/10ᵉ	30 —	0 20	—	— 37
— de pétrole	30 —	»	—	— 20

DÉSIGNATION DES MÉDICAMENTS.	QUANTITÉ MAXIMA.	INDEMNITÉ FIXE.	UNITÉ.	NUMÉROS de RÉFÉRENCE ou prix.
		fr. c.		
Ether sulfurique (éther simple rectifié).	30 gr.	0 10	Poids.	N° 24
— sulfurique alcoolisé (liqueur d'Hoffmann)	30 —	0 10	—	— 26
Ethylène périodé (diiodoforme)	5 —	0 20	—	— 54
Eucalyptol.	5 —	0 20	—	— 39
Eucalyptus globulus, feuilles	30 —	»	—	— 11
— — pulvérisé	15 —	»	—	— 16
Evonymine.	1 —	0 20	—	— 55
Exalgine.	3 —	0 20	—	— 53
Extrait d'aconit	1 —	0 30	—	— 41
— de belladone	10 —	0 30	—	— 38
— de cascara sagrada	8 —	0 10	—	— 48
— de ciguë	10 —	0 30	—	— 52
— de coca	20 —	0 10	—	— 45
— de colchique	1 —	0 30	—	— 53
— de cubèbe	2 —	0 20	—	— 54
— de datura stramonium	30 centigr.	0 30	—	— 38
— de digitale	1 gr.	0 30	—	— 38
— de douce-amère	5 —	0 30	—	— 36
— d'ergot de seigle	12 —	0 30	—	— 30
— de fougère mâle	10 —	0 30	—	— 53
— de genièvre (rob de genièvre)	5 —	0 10	—	— 27
— de gentiane	10 —	0 10	—	— 34
— d'hamamélis	1 —	0 20	—	— 45
— d'hydrastis	1 —	0 20	—	— 62
— d ipécacuanha	1 —	0 20	—	— 56
— de jusquiame	2 —	0 30	—	— 43
— de kola	15 —	0 10	—	— 46
— de monésia	10 —	0 20	—	— 50
— de muguet	10 —	0 30	—	— 46
— de noix vomique	1 —	0 30	—	— 30
— d'opium (ou thébaïque)	5 —	0 30	—	— 55
— de pissenlit	50 —	0 10	—	— 36
— de quassia	2 —	0 10	—	— 51
— de quinquina jaune	15 —	0 10	—	— 50
— de quinquina rouge	15 —	0 10	—	— 46
— de ratanhia	15 —	0 10	—	— 43
— de réglisse	50 —	0 10	—	— 34
— de rhubarbe	10 —	0 10	—	— 43
— de salsepareille	10 —	0 10	—	— 43
— de saturne (sous-acétate de plomb liquide)	100 —	0 10	—	— 10
— de scille	1 —	0 30	—	— 38
— de styles de maïs	5 —	0 10	—	— 45
— thébaïque (ou d'opium)	5 —	0 30	—	— 51
— de valériane	5 —	0 10	—	— 36
Extraits fluides américains (représentant leur poids de substance) :				
Extrait fluide de bourdaine	5 —	0 10	—	— 36
— — de cascara sagrada	3 —	0 10	—	— 36
— — de coca	3 —	0 10	—	— 34
— — de condurango	20 —	0 10	—	— 36
— — d'ergot de seigle	20 —	0 30	—	— 46
— — de grindelia	5 —	0 20	—	— 37
— — d'hamamelis	80 —	0 20	—	— 36
— — d'hydrastis	10 —	0 20	—	— 48
— — de kola	25 —	0 10	—	— 34
— — de quinquina pour 1 litre de vin.	1 dose	0 10	1 dose.	Prix 0 90
— — de salsepareille	30 gr.	0 10	poids.	N° 34
— — de valériane	40 —	0 10	—	— 34
— — de vilburnum	5 —	0 20	—	— 37

DÉSIGNATION DES MÉDICAMENTS.	QUANTITÉ MAXIMA.	INDEMNITÉ FIXE.	UNITÉ.	NUMÉROS de RÉFÉRENCE ou prix.
		fr. c.		
F.				
Farine de lin	500 gr.	»	Poids.	N° 8
— de moutarde	250 —	»	—	— 11
Fécule de pommes de terre	250 —	»	—	— 9
Fenouil, racine	50 —	»	—	— 13
— semences	30 —	»	—	— 13
— — pulvérisées	10 —	»	—	— 19
Fer réduit par l'hydrogène	5 —	0 10	—	— 33
Fève de Saint-Ignace pulvérisée	1 —	0 30	—	— 28
Fleurs pectorales (espèces pectorales)	30 —	»	—	— 22
Follicules de séné	30 —	»	—	— 22
— — lavés à l'alcool	30 —	»	—	— 31
— — pulvérisés	15 —	0 10	—	— 27
— — — et lavés à l'alcool	10 —	0 10	—	— 34
Formaldéhyde (formol, soluté officinal)	100 —	0 20	—	— 17
Formiate de chaux ou de soude	10 —	0 20	—	— 32
Fougère mâle, racine	100 —	0 10	—	— 10
— — — pulvérisée	50 —	0 10	—	— 19
Fucus crispus (carragaheen)	50 —	»	—	— 11
G.				
Gaïacol cristallisé	4 —	0 20	—	— 42
Gallate de bismuth (dermatol)	20 —	0 20	—	— 43
Galle (noix de) pulvérisée	10 —	0 10	—	— 23
Gant de crin	1 N	»	la pièce	Prix 1 75
Gargarismes (astringent, boraté ou au chlorate de potasse) (Codex)	4 N	»	la dose	— 1 20
Gayac (résine de) pulvérisée	10 gr.	0 10	poids	N° 13
Gaze chiffon (taffetas chiffon)	0m 50	»	le mètre	Prix 6 »
— — — 50×80	0m 50	»	0m 50	— 3 30
— — 25×80	0m 25	»	0m 25	— 1 80
— — 20×50 ou 40×25, etc	10 d. q.	»	10 d. q.	— 1 50
— — 10×50 ou 20×25, etc	500 c. q.	»	500 c. q.	— 1 »
— — 10×10 ou 5×20, etc	100 c. q.	»	100 c. q.	— 0 25
Gélatine grossièrement pulvérisée pour bains	500 gr.	»	poids	N° 14
— blanche officinale	100 —	»	—	— 30
Gélose (voir : *Agar-agar*).				
Genièvre, baies	100 —	»	—	— 8
Gentiane, racine	30 —	»	—	— 10
— — pulvérisée	10 —	»	—	— 15
Germandrée (petit chêne), feuilles	30 —	»	—	— 13
Gingembre gris pulvérisé	5 —	0 10	—	— 21
Glycérine officinale	200 —	»	—	— 20
Glycérolé d'amidon	60 —	»	—	— 24
Glycérophosphate de chaux	10 —	0 10	—	— 38
— — granulé (sucré)	250 —	»	—	— 24
— de potasse ou de soude à 50 p 100	10 —	0 10	—	— 40
— de quinine	2 —	0 20	—	— 56
Gomme adragante pulvérisée	2 —	»	—	— 36
— ammoniaque pulvérisée	2 —	»	—	— 31
— arabique	50 —	»	—	— 17
— — cassée et lavée	30 —	»	—	— 23
— — pulvérisée	15 —	»	—	— 21
— gutte pulvérisée	1 —	0 20	—	— 36
Goudron de Norvège	100 —	»	—	— 8

DÉSIGNATION DES MÉDICAMENTS.	QUANTITÉ MAXIMA.	INDEMNITÉ FIXE.	UNITÉ.	NUMÉROS de RÉFÉRENCE ou prix.
		fr. c.		
Gouttes amères de Baumé	5 gr.	0 30	Poids.	N° 37
Graine de lin mondée	100 —	»	—	— 9
— — triée à la main	50 —	»	—	— 11
Graisse (axonge) lavée ou benzoïnée (1).		»	—	— 18
Granules d'acide arsénieux (ou de dioscoride), d'arséniate d'antimoine, de fer, ou de soude, à un milligramme	30 granules	0 50 0 50 0 50	les 10 — 20 — 50	Prix 0 20 — 0 30 — 0 75
Granules d'atropine, de strychnine à un milligramme, d'aconitine, de digitaline, de strophantine à un dixième de milligramme	10 —	0 50 0 50 0 50	— 10 — 20 — 50	— 0 25 — 0 50 — 1 »
Granules autres que les granules ci-dessus. Additionner l'indemnité fixe, le prix de la substance et le prix de la manipulation	»	»	»	»
Grenadier (écorce de racine de)	60 gr.	0 10	poids.	N° 19
— — — pulvérisée	50 —	0 10	—	— 25
Guimauve, fleurs	30 —	»	—	— 20
— , racine coupée	100 —	»	—	— 15
— — pulvérisée	15 —	»	—	— 19
Gutta-percha laminée	0m 50	»	le mètre	Prix 3 »
Id.	Id.	»	0 m 50	— 2 »
Id.	Id.	»	0 m 25	— 1 25
Id.	Id.	»	100 c. q	— 0 10

H.

DÉSIGNATION DES MÉDICAMENTS.	QUANTITÉ MAXIMA.	INDEMNITÉ FIXE.	UNITÉ.	NUMÉROS de RÉFÉRENCE ou prix.
Héroïne (chlorhydrate)	10 centigr.	0 50	poids.	N° 67
Héxaméthylène tétramine	10 gr.	0 20	—	— 35
Houblons, cônes	30 —	»	—	— 18
Huile d'amande	30 —	»	—	— 24
— blanche	30 —	»	—	— 15
— de cade vraie	30 —	0 10	—	— 20
— de camomille	60 —	»	—	— 19
— — camphrée	60 —	»	—	— 23
— camphrée	60 —	»	—	— 23
— chloroformée (liniment au chloroforme)	60 —	0 10	—	— 25
— de croton	1 —	0 40	—	— 45
— de foie de morue blonde ou brune	1/2 litre	»	1/2 litre	Prix 1 50
— — — ambrée	1/2 —	»	1/2 —	— 1 80
— — — blanche	1/2 —	»	1/2 —	— 2 75
— — — créosotée	1/2 —	0 20	1/2 —	— 2 20
— — — — émulsionnée	1/2 —	»	1/2 —	— 2 75
— — — — phosphorée	250 gr.	0 50	poids.	N° 30
— grise (Codex)	5 —	0 30	—	— 53
— de jusquiame	60 —	0 10	—	— 20
— d'olive	100 —	»	—	— 18
— — purifiée et stérilisée	50 —	»	les 50 gr.	Prix 1 50
— phéniquée	60 —	0 20	»	N° 19
— de ricin ou de palmachristi	60 —	»	poids.	— 16
— de vaseline (vaseline liquide)	30 —	»	—	— 21
Huile volatile d'amande amère	50 centigr.	0 20	—	— 49
— — d'anis (1)	1 gr.	»	—	— 41
— — de badiane (1)	1 —	»	—	— 41
— — de bergamote (1)	1 —	»	—	— 42
— — de cannelle de Ceylan (1)	1 —	»	—	— 54

(1) Ne sera délivrée que si elle fait partie d'une préparation composée.

DÉSIGNATION DES MÉDICAMENTS.	QUANTITÉ MAXIMA.	INDEMNITÉ FIXE.	UNITÉ.	NUMÉROS de RÉFÉRENCE ou prix.
		fr. c.		
Huile volatile de citron (1)	1 gr.	»	Poids.	N° 38
— — d'eucalyptus	20 —	»	—	— 38
— — de genièvre (1)	1 —	»	—	— 39
— — de girofle	5 —	»	—	— 39
— — de lavande (1)	1 —	»	—	— 40
— — de menthe poivrée anglaise (1)	50 centigr.	»	—	— 53
— — de moutarde	1 gr.	0 10	—	— 51
— — d'orange ou de Portugal (1)	1 —	»	—	— 41
— — de romarin (1)	1 —	»	—	— 34
— — de rue	50 centigr.	0 50	—	— 40
— — de santal	10 gr.	»	—	— 50
— — de térébenthine officinale (1)	100 —	»	—	— 16
— — de thym (1)	5 —	»	—	— 36
— — de wintergreen artificielle (salicylate de méthyle)	30 gr.	0 20	—	— 30
Hydrastine	10 centigr.	0 40	—	— 80
Hydrastinine	1 —	0 40	1 centigr.	Prix 0 60
Hydrate de chloral (chloral hydraté)—	12 gr.	0 20	poids.	N° 32
— de magnésie	30 —	»	—	— 30
Hydriodates (voir : *Iodures*).		»		
Hydrocyanates hydro-ferro-cyanates (v. *Cyanures*).				
Hydrolats (voir : *Eaux distillées*).				
Hydrosulfates (voir : *Sulfure*).				
Hypéricum (millepertuis) (sommités)	30 —	»	—	— 12
Hypochlorites (voir : *Chlorures*).				
Hypophosphite de chaux	100 —	0 20	—	— 32
— de soude	10 —	0 20	—	— 32
Hyposulfite de soude	20 —	0 10	—	— 8
Hysope, feuilles mondées	30 —	»	—	— 13
I.				
Ichtyol	10 —	0 10	—	— 46
Iode	10 —	0 20	—	— 42
Iodoforme	15 —	0 20	—	— 45
Iodol	4 —	0 20	—	— 53
Iodo-thymol (aristol, thymol biiodé)	15 —	0 20	—	— 46
Iodure d'ammonium	20 —	0 10	—	— 45
— de calcium	20 —	0 10	—	— 45
— d'éthyle (éther iodhydrique)	5 —	0 20	—	— 51
— (proto-) de mercure	2 —	0 20	—	— 44
— (bi-) de mercure	1 —	0 20	—	— 44
— de plomb	5 —	0 20	—	— 42
— de potassium	30 —	0 10	—	— 40
— de sodium	30 —	0 10	—	— 43
Ipécacuanha, racine pulvérisée	5 —	0 10	—	— 42
J.				
Jaborandi	5 —	0 20	—	— 30
Jalap, racine pulvérisée	5 —	0 20	—	— 26
— (résine de) brune ou blanche	1 —	0 20	—	— 50

(1) Ne sera délivrée que si elle fait partie d'une préparation composée.

DÉSIGNATION DES MÉDICAMENTS.	QUANTITÉ MAXIMA.	INDEMNITÉ FIXE.	UNITÉ.	NUMÉROS de RÉFÉRENCE ou prix.
		fr. c.		
Julep gommeux (potion gommeuse).....	4 doses	»	la dose	Prix 0 60
— simple........................	4 —	»	—	— 0 50
diacodé..........................	4 gr.	0 10	poids	N° 16
Jusquiame, feuilles mondées............	5 —	0 20	—	— 17
— — — pulvérisées..................	4 —	0 30	—	— 22
K.				
Kermès minéral......................	5 —	0 10	—	— 34
Kola pulvérisée.....................	40 —	0 10	—	— 27
— granulée........................	150 —	»	—	— 27
L.				
Lactate de fer........................	6 —	0 10	—	— 31
— de quinine........................	4 —	0 20	—	— 53
— de strontium......................	5 —	0 20	—	— 43
Lacto-phosphate de chaux..............	50 —	0 10	—	— 30
Lactose (sucre de lait) pulvérisée......	200 —	»	—	— 19
Lait d'amande édulcoré (émulsion simple)............................	1/2 litre	»	1/2 litre	Prix 0 95
Lanoline (lanoléine).................	60 gr.	»	poids	N° 30
Laudanum de Sydenham................	15 —	0 20	—	— 38
Lavande, fleurs.....................	10 —	»	—	— 15
Lavement purgatif (Codex).............	1 dose	»	la dose	Prix 1 »
Lécithine............................	2 gr.	0 10	poids	N° 57
Levure de bière sèche................	60 —	0 10	—	— 30
Lichen d'Islande.....................	30 —	»	—	— 11
Lierre terrestre, feuilles mondées......	30 —	»	—	— 15
Limaille de fer porphyrisée...........	10 —	»	—	— 27
Limonade azotique (nitrique), chlorhydrique, citrique, lactique, sulfurique, tartrique et autres analogues.	2 litres	»	le litre le 1/2 litre	Prix 1 25 — 0 70
— purgative au citrate de magnésie, à 60 grammes et au-dessous......... (Au-dessus de 60 grammes, ajouter à 1 fr. 25 la somme de 0 fr. 25 par chaque 10 grammes ou fraction de 10 grammes.)	la dose	»	la dose	— 1 25
Lin (graine de) mondée...............	100 gr.	»	poids	N° 8
— — triée à la main................	50 —	»	—	— 11
Liniment ammoniacal ou volatil (Codex)............................	100 —	0 10	—	— 21
— camphré (Codex)...................	100 —	0 10	—	— 22
— au chloroforme (Codex).............	100 —	0 10	—	— 25
— oléo-calcaire.....................	500 —	0 10	—	— 17
— de Rosen.........................	30 —	0 10	—	— 31
— térébenthiné......................	100 —	0 10	—	— 19
Liqueur arsenicale de Boudin..........	100 —	0 30	—	— 16
— — de Fowler.....................	10 —	0 50	—	— 27
— de goudron concentrée..............	100 —	»	—	— 13
— d'Hoffmann (éther sulfurique alcoolisé)............................	30 —	0 10	—	— 26
— de Labarraque (hypochlorite ou chlorure de soude)......................	250 —	0 10	—	— 8
— de Van Swiéten.....................	250 —	0 10	—	— 7
— de Villatte........................	100 —	0 30	—	— 18

DÉSIGNATION DES MÉDICAMENTS.	QUANTITÉ MAXIMA.	INDEMNITÉ FIXE.	UNITÉ.	NUMÉROS de RÉFÉRENCE ou prix.
		fr. c.		
Litharge (oxyde de plomb)	10 gr.	0 20	Poids	N° 11
Looch blanc	2 loochs	»	le looch	Prix 1 25
Id.	2 —	»	le 1/2 —	— 1 »
— huileux	2 doses	»	la dose	— 1 25
Lunettes fumées, forme coquille	1 paire	»	la paire	— 2 50
Lupuline	8 gr.	0 10	poids	N° 34
Lycopode	30 —	»	—	— 33
M.				
Macis	5 —	»	—	— 37
Magnésie calcinée	30 —	»	—	— 30
— hydratée	30 —	»	—	— 30
Maïs (styles)	20 —	»	—	— 13
Maltine (diastase)	2 —	0 10	—	— 55
Manne en larmes	30 —	»	—	— 32
Masse pilulaire de cynoglosse	5 —	0 10	—	— 47
— — de Méglin	5 —	0 10	—	— 41
Mauves, feuilles	100 —	»	—	— 14
— fleurs	50 —	»	—	— 26
Médecine noire (potion purgative)	1 dose	»	la dose	Prix 1 50
Mélilot, sommités fleuries	60 gr.	»	poids	N° 15
Mélisse officinale	40 —	»	—	— 15
Mellite simple (sirop de miel) (1)	100 —	»	—	— 13
— de mercuriale (miel de mercuriale)	100 —	»	—	— 17
— de rose rouge (miel rosat)	60 —	»	—	— 25
— scillitique (oxymel)	60 —	0 20	—	— 21
Menthe poivrée, feuilles mondées	20 —	»	—	— 19
Menthol	5 —	0 10	—	— 42
Ményanthe, feuilles	40 —	»	—	— 15
Mercuriale, feuilles	100 —	»	—	— 12
Méthylacétanilide	10 —	0 20	—	— 42
Méthylarsinate de soude	50 centigr.	0 40	—	— 47
— de fer ou autres	50 —	0 40	—	— 55
Miel blanc (1)	200 gr.	»	—	— 13
— commun ou de Bretagne (1)	150 —	»	—	— 12
— de mercuriale (mellite)	100 —	»	—	— 17
— rosat (mellite de rose rouge)	60 —	»	—	— 25
Millepertuis (hypéricum), sommités	10 —	»	—	— 12
Minium (oxyde de plomb)	10 —	0 20	—	— 11
Molène (bouillon blanc), feuilles	40 —	»	—	— 12
— —, fleurs	40 —	»	—	— 27
Morphine	25 centigr.	0 50	—	— 64
Mouche de Milan	2 N	»	la pièce	Prix 0 25
— d'opium (voir : *Emplâtres*, au tarif des manipulations).				
Mousse de Corse	50 gr.	0 10	poids	N° 12
Mousseline pour cataplasmes	1 mètre	»	le mètre	Prix 0 30
Moutarde blanche, semences mondées	100 gr.	»	poids	N° 10
— ou sinapismes en feuilles	6 feuilles	»	la feuille	Prix 0 15
Id.			les 6 —	— 0 75
Mucilage de gomme, de semence de lin ou de coing ou de psyllium	200 gr.	»	poids	N° 21
Muguet, fleurs	100 —	»	—	— 33
— — pulvérisées	50 —	0 10	—	— 35
Musc	10 centigr.	0 20	—	— 80
Muscades	5 gr.	»	—	— 35
Myrrhe pulvérisée	10 —	»	—	— 25

(1) Ne sera délivré que s'il fait partie d'une préparation composée.

DÉSIGNATION DES MÉDICAMENTS.	QUANTITÉ MAXIMA.	INDEMNITÉ FIXE.	UNITÉ.	NUMÉROS de RÉFÉRENCE ou prix.
		fr. c.		
N.				
Naphtol-Bêta (Codex).	15 gr.	0 20	Poids	N° 30
Naphtol camphré.	30 —	0 20	—	— 35
Nitrates (voir : *Azotates*).				
Nitrite d'amyle.	5 —	0 20	—	— 41
— de soude.	10 —	0 20	—	— 18
Nitroglycérine (trinitrine) en solution alcoolique au 1/100ᵉ.	2 —	0 20	—	— 50
Noix de galle pulvérisée.	10 —	0 10	—	— 23
— de kola.	40 —	0 10	—	— 27
— vomique.	1 —	0 30	—	— 31
O.				
Œufs.	4 N	»	la pièce	Prix 0 20
Œillère.	1 N	»	—	— 0 50
Oliban (encens) en larmes.	30 gr.	»	poids	N° 15
— — pulvérisé.	15 —	»	—	— 21
Onguent basilicum.	100 —	»	—	— 17
— citrin (pommade citrine).	30 —	0 10	—	— 22
— mercuriel double (onguent napolitain).	30 —	0 20	—	— 27
— belladoné à 4 p. 30.	30 —	0 20	—	— 31
— mercuriel simple (onguent gris).	30 —	»	—	— 19
— de la mère.	30 —	»	—	— 19
— populéum.	60 —	»	—	— 19
— de styrax.	30 —	»	—	— 20
Opiat de copahu composé (électuaire).	50 —	»	—	— 34
Opium pulvérisé.	1 —	0 30	—	— 49
Orange amère, écorce.	50 —	»	—	— 18
Oranger, feuilles.	15 —	»	—	— 18
Orge perlé.	60 —	»	—	— 8
Orthoforme.	5 —	0 20	—	— 55
Ovarine (ovaires pulvérisés).	4 —	0 20	—	— 59
Ovules simples.	6 ovules	»	la pièce	Prix 0 40
Id.	6 —	»	les 6	— 2 10
— composés (ajouter aux prix ci-dessus celui de l'indemnité fixe et des substances prescrites, et augmenter de 0 fr. 10 par ovule pour manipulation).				
Oxalate de fer.	10 gr.	0 10	poids	N° 30
Oxyde blanc d'antimoine (antimoine diaphorétique).	10 —	0 10	—	— 28
— (sesqui-) de fer gélatineux.	250 —	0 10	—	— 27
— de magnésium (magnésie calcinée).	30 —	»	—	— 30
— (bi-) de manganèse (Codex).	10 —	0 10	—	— 36
— de mercure (précipité rouge ou jaune).	1 —	0 20	—	— 36
— de plomb (litharge ou minium).	10 —	0 20	—	— 11
— de zinc sublimé (fleurs de zinc).	10 —	0 20	—	— 22
— — (peroxyde).	20 —	0 20	—	— 48
Oxygène en ballons (location par jour, 50 centimes).	30 litres	»	les 30 litres	Prix 2 50
— en récipients métalliques (location par jour, 1 franc).	100 —	»	les 100 —	4 »
Oxymel scillitique (mellite).	60 gr.	0 20	poids	N° 21

DÉSIGNATION DES MÉDICAMENTS.	QUANTITÉ MAXIMA.	INDEMNITÉ FIXE.	UNITÉ.	NUMÉROS de RÉFÉRENCE ou prix.
		fr. c.		
P.				
Pains azymes ou à chanter	25 pains	»	les 6	Prix 0 10
Id.		»	les 12	— 0 15
Id.		»	les 25	— 0 25
Panama, écorce concassée	100 gr.	»	poids	N° 16
Pancréatine	8 —	0 10	—	— 53
Pansement de Lister ou antiseptique (voir à la fin de la nomenclature).				
Papier brouillard	6 feuilles	»	les 6 feuilles	Prix 0 10
— nitré (la feuille de 1 décimètre carré)	6 —	»	la feuille	— 0 20
— au sublimé	5 —	»	—	— 0 25
Pastilles de baume de tolu	100 pastilles	»	poids	N° 17
— de bicarbonate de soude (ou de Vichy)	100 —	»	—	— 14
— de borate de soude	20 —	»	—	— 17
— de charbon	20 —	»	—	— 19
— de chlorate de potasse	50 —	»	—	— 17
— de cocaïne	20 —	0 10	—	— 25
— d'ipécacuanha	30 —	»	—	— 19
— de kermès	60 —	»	—	— 19
— de manne à la goutte	20 —	»	—	— 25
— de menthe	20 —	»	—	— 16
— — anglaise	20 —	»	—	— 25
— de santonine	12 —	0 10	—	— 21
— de soufre	30 —	»	—	— 14
— de tolu	100 —	»	—	— 17
— de Vichy ou de bicarbonate de soude	100 —	»	—	— 14
Pâtes de guimauve, de jujube, de lichen et de réglisse	100 gr.	»	—	— 19
— de Canquoin (caustique de Canquoin)	10 —	0 30	—	— 32
Pavots moyens	3 pavots	»	la pièce	Prix 0 20
Pelletiérine (sulfate), dose de 30 centigrammes	1 dose	0 40	la dose	— 3 60
Pepsine officinale	4 gr.	0 10	poids	N° 52
— amylacée ou lactosée	8 —	0 10	—	— 42
Peptonate de fer liquide	60 —	0 10	—	— 35
— — sec	10 —	0 10	—	— 41
Peptone sèche	10 —	0 10	—	— 41
Perborate de soude	30 —	0 10	—	— 35
Perchlorure de fer liquide	30 —	0 20	—	— 24
Perles (voir : *Capsules).*				
Permanganate de potasse	10 —	0 10	—	— 27
Peroxydes (voir : *Oxydes).*				
Persulfate de soude	10 —	0 20	—	— 36
Pessaires en gomme, ronds ou ovales	1 N	»	la pièce	Prix 1 50
Petit-Chêne (germandrée), feuilles mondées	30 gr.	»	poids	N° 13
Petit-Houx (fragon), racine	100 —	»	—	— 13
Phénacétine (phénédine)	5 —	0 10	—	— 34
Phénate de soude	100 —	0 10	—	— 14
Phénol (acide phénique) officinal	100 —	0 20	—	— 21
— liquide ordinaire	200 —	»	—	— 7
— sodique (phénate de soude)	100 —	0 10	—	— 14
Phénosalyl	30 —	0 20	—	— 35
Phosphate de chaux tribasique préparé	30 —	0 10	—	— 21
— — bicalcique	50 —	0 10	—	— 27

DÉSIGNATION DES MÉDICAMENTS.	QUANTITÉ MAXIMA.	INDEMNITÉ FIXE.	UNITÉ.	NUMÉROS de RÉFÉRENCE ou prix.
		fr. c.		
Phosphate de chaux monocalcique......	30 gr.	0 10	Poids	N° 30
— — en solution à 25 p. 1000 (formule de la Société de pharmacie de Paris)........................	250 —	»	—	— 14
— de codéine........................	20 centigr.	0 50	—	— 72
— de soude........................	30 gr.	0 10	—	— 20
Phosphoglycérates (voir : *Glycérophosphates).*				
Phosphure de zinc........................	2 —	0 50	—	— 43
Picrotoxine........................	5 centigr.	0 50	—	— 70
Pied-de-chat, fleurs........................	30 gr.	»	—	— 21
Pierre à cautères (potasse caustique), en plaque........................	20 —	0 30	—	— 20
— divine........................	20 —	0 10	—	— 28
Pilocarpine (ses sels)........................	20 centigr.	0 50	—	— 72

DÉSIGNATION DES MÉDICAMENTS.	QUANTITÉ MAXIMA.	INDEMNITÉ FIXE.	PRIX DES PILULES PAR					
			1	5	10	20	50	100
		fr.c.	fr c.	fr.c	fr.c.	fr.c.	fr.c.	fr.c.
Pilules d'aloès et de savon (Codex).	15 pilules	»	0 10	0 20	0 35	0 60	»	»
— d'Anderson (écossaises)........	15 —	»	0 10	0 25	0 50	0 75	1 50	»
— ante-cibum........................	15 —	»	0 10	0 25	0 50	0 75	1 50	»
— de Blaud........................	50 —	»	»	»	0 30	0 50	1 20	2 »
— de cynoglosse........................	15 —	»	0 10	0 40	0 60	1 »	»	»
— de Dupuytren........................	30 —	»	»	0 25	0 50	1 »	2 »	»
— écossaises (d'Anderson)........	15 —	»	0 10	0 25	0 50	0 75	1 50	»
— d'iodure (proto-) de fer (Codex).	50 —	»	»	0 25	0 50	0 75	1 50	2 50
— — — de mercure (Codex)........	30 —	»	»	0 25	0 50	0 90	1 75	»
— de Méglin........................	20 —	»	0 10	0 25	0 50	0 75	1 50	»
— mercurielles de Sédillot..........	50 —	»	»	0 25	0 50	1 »	2 »	»
— d'opium (ou d'extrait d'opium) de 1 à 5 centigrammes........	5 —	»	0 10	0 25	0 50	0 90	1 75	»
— de Ricord........................	30 —	»	»	0 25	0 50	0 90	1 75	»
— de sulfate de quinine de 10 centigrammes........................	40 —	»	0 10	0 40	0 60	1 »	»	»
— de térébenthine ou de térébenthine cuite (Codex)............	30 —	»	»	»	0 50	0 75	1 50	2 50
— formule de Vallet au carbonate de fer........................	50 —	»	»	»	0 30	0 50	1 20	2 »

DÉSIGNATION DES MÉDICAMENTS.	QUANTITÉ MAXIMA.	INDEMNITÉ FIXE.	UNITÉ.	NUMÉRO de RÉFÉRENCE ou prix.
		fr. c.		
Pinceaux de chèvre à teinture d'iode..	1 pinceau	»	la pièce	Prix 0 10
— de blaireau pour la gorge..........	1 —	»	—	— 0 40
— — pour les yeux....................	1 —	»	—	— 0 15
— en charpie........................	2 —	»	—	— 0 15
— molletonnés........................	1 —	»	—	— 0 30
Piperazine........................	1 gr.	0 20	poids	N° 63
Plâtre à modeler........................	500 —	»	—	— 9

DÉSIGNATION DES MÉDICAMENTS.	QUANTITÉ MAXIMA.	INDEMNITÉ FIXE.	UNITÉ.	NUMÉRO de RÉFÉRENCE ou prix.
		fr. c.		
Podophyllin (podophilline).	1 gr.	0 20	Poids.	N° 51
Poire à injection, en caoutchouc gris, avec canule os, contenant 15 gr.	1 poire	»	la pièce	Prix 1 »
— — 20 grammes.	1 —	»	—	— 1 50
— — 25 —	1 —	»	—	— 2 »
— — 40 —	1 —	»	—	— 2 50
— — 65 —	1 —	»	—	— 3 »
— — 85 —	1 —	»	—	— 3 50
— — 120 —	1 —	»	—	— 4 »
Poivre cubèbe pulvérisé.	100 gr.	0 10	poids.	N° 30
Poix de Bourgogne purifiée.	100 —	»	—	— 15
Polygala de Virginie.	10 —	»	—	— 32
Pommade belladonée.	60 —	0 20	—	— 30
— de calomel ou de précipité blanc.	60 —	0 10	—	— 32
— camphrée.	60 —	»	—	— 26
— de chloroforme.	60 —	0 10	—	— 32
— citrine (onguent citrin).	30 —	0 10	—	— 22
— épispastique, jaune ou verte.	30 —	0 10	—	— 21
— de Gondret (ammoniacale).	20 —	0 10	—	— 31
— de goudron.	60 —	»	—	— 21
— d'Helmerich.	250 —	»	—	— 21
— d'iodure de potassium.	30 —	0 10	—	— 33
— — iodée.	30 —	0 10	—	— 34
— d'iodure de mercure, de plomb, de soufre.	30 —	0 20	—	— 34
— mercurielle double (onguent napolitain).	30 —	0 20	—	— 27
— belladonée à 4 p. 30.	30 —	0 20	—	— 31
— mercurielle simple (onguent gris).	30 —	»	—	— 19
— ophtalmique de Desault de Lyon, du Régent.	5 —	0 20	15 gr.	Prix 1 »
— d'oxyde de zinc.	30 —	»	poids.	N° 26
— soufrée.	60 —	»	—	— 21
Populéum, onguent.	60 —	»	—	— 19
Potasse caustique (pierre à cautères) en plaque.	20 —	0 30	—	— 20
Potion antispasmodique éthérée.	4 potions	»	la potion	Prix 1 »
— — opiacée.	4 —	»	—	— 1 30
— calmante ou antispasmodique opiacée	4 —	»	—	— 1 30
— cordiale (Codex)	4 —	»	—	— 1 30
— gommeuse (julep gommeux).	4 —	»	—	— 0 60
— huileuse (looch huileux).	2 —	»	—	— 1 25
— purgative (médecine noire).	1 —	»	—	— 1 50
— de Rivière (antivomitive) en 2 flacons.	4 flacons	»	les 2 flacons	— 2 »
— de Todd.	4 potions	»	la potion	— 1 30
Poudre diurétique des voyageurs.	100 gr.	0 10	poids	N° 25
— de Dover.	5 —	0 30	—	— 36
— de réglisse composée.	40 —	0 10	—	— 25
— de Vienne (caustique de Vienne).	5 —	0 30	—	— 29
Précipité blanc (protochlorure de mercure).	5 —	0 20	—	— 31
— jaune ou rouge (oxyde de mercure).	1 —	0 20	—	— 36
Protargol.	1 —	0 30	—	— 55
Protoxydes (voir : *Oxydes*).				
Protochlorures (voir : *Chlorures*).				
Protoiodures (voir : *Iodures*).				
Prussiates (voir : *Cyanures*).				
Pyramidon (amido-pyrine).	5 —	0 10	—	— 40
Pyrèthre (racine entière).	10 —	»	—	— 22
— , fleurs pulvérisées.	30 —	»	—	— 25
Pyridine.	5 —	0 30	—	— 36

DÉSIGNATION DES MÉDICAMENTS.	QUANTITÉ MAXIMA.	INDEMNITÉ FIXE.	UNITÉ.	NUMÉROS de RÉFÉRENCE ou prix.
		fr. c.		
Q.				
Quassia amara, en copeaux	15 gr.	»	Poids.	N° 14
— — pulvérisé	5 —	»	—	— 24
Quassine cristallisée (Codex)	50 centigr.	0 40	—	— 76
Queues de cerises	30 gr.	»	—	— 24
Quinquina jaune Calisaya entier ou concassé	30 —	»	—	— 27
— — — pulvérisé	20 —	0 10	—	— 30
— rouge entier ou concassé	30 —	»	—	— 27
— — pulvérisé	20 —	0 10	—	— 31
R.				
Ratanhia, racine concassée	30 —	»	—	— 21
— — pulvérisée	20 —	0 10	—	— 24
Réglisse sèche coupée	50 —	»	—	— 10
— pulvérisée	20 —	»	—	— 20
Résine de gayac pulvérisée	10 —	0 10	—	— 30
— de jalap (brune ou blanche)	1 —	0 20	—	— 50
— de scammonée blanche ou purifiée	1 —	0 20	—	— 50
Résorcine	15 —	0 20	—	— 39
Rhubarbe de Chine, concassée	30 —	»	—	— 28
— — pulvérisée	15 —	»	—	— 34
Riz mondé	60 —	»	—	— 9
— pulvérisé (farine de riz)	50 —	»	—	— 10
Rob de genièvre (extrait de genièvre)	5 —	0 10	—	— 27
Romarin, feuilles mondées	30 —	»	—	— 13
Roses de Provins	10 —	»	—	— 30
— — pulvérisées	5 —	0 10	—	— 32
Rue, sommités	5 —	0 30	—	— 18
— — pulvérisées	5 —	0 40	—	— 22
S.				
Sabine, feuilles mondées	10 —	0 30	—	— 15
— — — pulvérisées	6 —	0 40	—	— 18
Safran	4 —	»	—	— 51
— pulvérisé	1 —	0 10	—	— 54
— de mars apéritif (sous-carbonate de fer)	15 —	0 10	—	— 14
Salicylate d'antipyrine	10 —	0 20	—	— 45
— de bismuth	15 —	0 20	—	— 40
— de lithine	10 —	0 20	—	— 38
— de méthyle pur	30 —	0 20	—	— 30
— de naphtol (bétol, salinaphtol)	12 —	0 20	—	— 37
— de phénol (salol)	15 —	0 20	—	— 32
— de soude	30 —	0 20	—	— 31
Salinaphtol (bétol, salicylate de naphtol)	12 —	0 20	—	— 37
Salipyrine (salicylate d'antipyrine)	10 —	0 20	—	— 45
Salol (salicylate de phénol)	15 —	0 20	—	— 32
Salophène	10 —	0 20	—	— 52
Salsepareille (fendue et coupée)	100 —	»	—	— 20

DÉSIGNATION DES MÉDICAMENTS.	QUANTITÉ MAXIMA.	INDEMNITÉ FIXE.	UNITÉ.	NUMÉROS de RÉFÉRENCE ou prix.
		fr. c.		
Sangsues	18 N	»	la pièce	Prix 0 30
Santonine	40 centigr.	0 20	les 6	— 1 50
Saponaire, feuilles mondées	20 gr.	0 20	poids	N° 53
— racine	30 —	»	—	— 12
Savon animal et médicinal	30 —	»	—	— 14
— à l'acide borique, à l'acide phénique, au borate de soude, au goudron, sulfureux	30 —	»	—	— 23
— à l'huile de cade, à l'ichtyol et autres que ci-dessus désignés	1 N	»	la pièce	Prix 1 »
Scammonée d'Alep, pulvérisée	1 N	»	la pièce	— 1 25
— — (résine blanche purifiée de)	3 gr.	0 20	poids	N° 49
Scille, squames sèches	1 —	0 20	—	— 50
— — pulvérisées	10 —	0 20	—	— 16
Seigle ergoté pulvérisé	5 —	0 30	—	— 24
Sel ammoniac (chlorhydrate d'ammoniaque) blanc pulvérisé	5 —	0 30	—	— 35
— de Berthollet (chlorate de potasse)	10 —	0 10	—	— 17
— — pulvérisé	50 —	0 10	—	— 17
— blanc (chlorure de sodium) officinal	10 —	0 10	—	— 18
— — ordinaire	30 —	0 10	—	— 15
— duobus (sulfate de potasse) pulvérisé	250 —	»	—	— 4
— d'Epsom (sulfate de magnésie)	30 —	0 10	—	— 17
— de Glauber (sulfate de soude)	60 —	»	—	— 6
— de nitre (azotate ou nitrate de potasse), pulvérisé	60 —	»	—	— 6
— de Sedlitz (sulfate de magnésie)	20 —	0 10	—	— 10
— de Seignette (tartrate de potasse et de soude), pulvérisé	60 —	»	—	— 6
— de tartre (carbonate de potasse)	60 —	0 10	—	— 21
— de Vichy (bicarbonate de soude), pulvérisé	20 —	0 10	—	— 19
Semen-contra d'Alep	100 —	»	—	— 8
— pulvérisé	10 —	»	—	— 19
— — couvert ou sucré	10 —	0 10	—	— 24
Sené, feuilles mondées	15 —	»	—	— 19
— — pulvérisées	30 —	»	—	— 25
— follicules	15 —	0 10	—	— 28
— — lavés à l'alcool	30 —	»	—	— 22
— — pulvérisés	30 —	»	—	— 31
— — — et lavés à l'alcool	15 —	0 10	—	— 27
Seringues pour oreilles ou nez	10 —	0 10	—	— 34
Serre-bras en gomme ou en fer-blanc	1 N	»	la pièce	Prix 0 60
— en toile métallique	1 N	»	—	— 1 25
	1 N	»	—	— 1 50

QUANTITÉ MAXIMA.	DÉSIGNATION DES MÉDICAMENTS.	UNITÉS.	PRIX.	INDEMNITÉ FIXE.
			fr. c.	
6 ampoules	*Sérum* artificiel chirurgical ou physiologique stérilisé à l'autoclave en ampoule de 1 c. c.	les 6	2 25	»
6 —	— — — 2 c. c.	—	2 50	
6 —	— — — 3 c. c.	—	2 75	
6 —	— — — 5 c. c.	—	3 »	
6 —	— — — 10 c. c.	—	4 »	
1 ampoule	— — — 60 c. c.	l'ampoule	2 »	
1 —	— — — 125 c. c.	—	3 »	
1 —	— — — 250 c. c.	—	4 »	
1 —	— — — 500 c. c.	—	5 »	

QUANTITÉ MAXIMA.	DÉSIGNATION DES MÉDICAMENTS.	UNITÉ.	PRIX.	INDEMNITÉ FIXE.
			fr. c.	
1 tube	*Tube* de caoutchouc de 2 mètres, muni d'une aiguille et stérilisé à l'autoclave, pour injection de sérum........................	le tube	6 »	»
1 flacon	*Sérum* artificiel, chirurgical ou physiologique, stérilisé à l'autoclave et livré en fl.	60 c. c.	1 40	»
1 —	— — — ...	125 c. c.	1 75	
1 —	— — — ...	250 c. c.	2 25	
1 —	— — — ...	500 c. c.	3 50	
1 —	— — — ...	le litre	5 »	
1 —	— de Chéron, de Hayen ou de Trunecek mêmes prix que le sérum artificiel.			
1 —	— gélatiné, stérilisé à l'autoclave..........	50 c. c.	3 »	»
1 —	— — —	100 c. c.	4 »	»
1 —	— — —	125 c. c.	4 50	
1 —	— — —	250 c. c.	6 »	

DÉSIGNATION DES MÉDICAMENTS.	QUANTITÉ MAXIMA.	INDEMNITÉ FIXE.	UNITÉ.	NUMÉROS de RÉFÉRENCE ou prix.
		fr. c.		
Silicate de potasse dissous..............	500 gr.	»	poids	N° 11
Sinapismes ou moutarde en feuilles....	6 feuilles	»	la feuille	Prix 0 15
Id.	Id.	»	les 6 —	— 0 75
Sirop d'aconit	30 gr.	0 20	poids	N° 15
— antiscorbutique (de raifort composé).	300 —	»	—	— 14
— de baume de tolu.....................	120 —	»	—	— 14
— de belladone.	60 —	0 20	—	— 15
— de biiodure de mercure ioduré (sirop de Gibert).	250 —	0 20	—	— 18
— de bourgeons de sapin..............	120 —	»	—	— 14
— de bromure de potassium (Codex)..	100 —	0 10	—	— 17
— de capillaire.	120 —	»	—	— 13
— de cerise (1).	100 —	»	—	— 15
— de chicorée composé (de rhubarbe composé).	30 —	»	—	— 18
— de chloral.	100 —	0 10	—	— 19
— de chlorhydrophosphate de chaux (Codex).	300 —	»	—	— 15
— des cinq racines.....................	100 —	»	—	— 15
— de codéine.	60 —	0 20	—	— 20
— de coing.	100 —	»	—	— 14
— dépuratif (de Cuisinier, de salsepareille composé).	300 —	»	—	— 18
— de Désessartz (d'ipécacuanha composé).	60 —	0 10	—	— 15
— diacode.	200 —	0 10	—	— 14
— de digitale.	100 —	0 20	—	— 15
— d'écorce d'orange amère (1)........	200 —	»	—	— 14
— d'espèces pectorales (pectoral)......	120 —	0 10	—	— 15
— d'éther.	100 —	»	—	— 18
— de fleur d'oranger (1)..............	100 —	»	—	— 15
— de framboise (1)....................	100 —	»	—	— 15
— de fumeterre.	100 —	»	—	— 15

(1) Ne sera délivré que s'il fait partie d'une préparation composée.

DÉSIGNATION DES MÉDICAMENTS.	QUANTITÉ MAXIMA.	INDEMNITÉ FIXE.	UNITÉ.	NUMÉROS de RÉFÉRENCE ou prix.
		fr. c.		
Sirop de gentiane	100 gr.	»	Poids	N° 14
— de Gibert (de biiodure de mercure ioduré)	250 —	0 20	—	— 18
— de glycérophosphate acide de chaux à 20 p. 1.000	300 —	»	—	— 18
— de gomme (1)	100 —	»	—	— 14
— de goudron	250 —	»	—	— 14
— de groseille (1)	100 —	»	—	— 15
— iodo-tannique	300 —	»	—	— 18
— — phosphaté	300 —	»	—	— 19
— d'iodure de fer	300 —	»	—	— 17
— de biiodure de mercure ioduré (sirop de Gibert)	250 —	0 20	—	— 18
— d'iodure de potassium (Codex)	100 —	0 10	—	— 19
— d'ipécacuanha	60 —	0 10	—	— 21
— — composé (de Désessartz)	60 —	0 10	—	— 15
— de lactophosphate de chaux	250 —	»	—	— 19
— de limon (1)	100 —	»	—	— 15
— de menthe (1)	50 —	»	—	— 15
— de miel (mellite simple)	100 —	»	—	— 13
— de morphine	60 —	0 20	—	— 20
— de mûre (1)	100 —	»	—	— 14
— de nerprun	60 —	»	—	— 15
— d'opium (thébaïque)	100 —	0 20	—	— 17
— d'orange (1)	100 —	»	—	— 15
— d'orgeat (1)	100 —	»	—	— 15
— pectoral (d'espèces pectorales)	120 —	»	—	— 15
— de polygala	200 —	»	—	— 18
— de quinquina (Codex)	250 —	»	—	— 17
— de raifort composé (antiscorbutique)	300 —	»	—	— 19
— — iodé	300 —	»	—	— 14
— de ratanhia (1)	100 —	»	—	— 15
— de rhubarbe composé (de chicorée composé)	30 —	»	—	— 18
— de salsepareille composé (de Cuisinier, dépuratif)	300 —	»	—	— 18
— de saponaire	200 —	»	—	— 15
— de spartéine (1 gr. 25 p. 500 grammes de sirop d'écorces d'oranges amères)	200 —	0 20	—	— 19
— de styles de maïs	100 —	0 10	—	— 18
— de sucre ou simple (1)	200 —	»	—	— 9
— tartrique	100 —	»	—	— 14
— de térébenthine	100 —	»	—	— 15
— de terpine, à 2 gr. 50 p. 100	200 —	»	—	— 18
— thébaïque (d'opium)	100 —	0 20	—	— 17
— de tolu	120 —	»	—	— 14
— de valériane	120 —	»	—	— 18
Solution aqueuse d'acide picrique	250 —	0 10	—	— 8
— de phosphate monocalcique, de chlorhydrophosphate de chaux (formule de la Société de pharmacie de Paris), de lactophosphate de chaux (Codex)	250 —	»	—	— 14
Sondes (mêmes prix que les bougies)	»	»	»	»
— rectales (voir : *Canules*).				
— molles, en caoutchouc (sondes Nélaton)	2	»	la pièce	Prix 2 »
Soufre doré d'antimoine	10 gr.	0 20	poids	N° 28
— sublimé (fleur de soufre)	30 —	»	—	— 8

(1) Ne sera délivré que s'il fait partie d'une préparation composée.

DÉSIGNATION DES MÉDICAMENTS.	QUANTITÉ MAXIMA.	INDEMNITE FIXE.	UNITÉ.	NUMÉROS de RÉFÉRENCE ou prix.
		fr. c.		
Soufre sublimé lavé	30 gr.	»	Poids	N° 10
— précipité (magistère de soufre)	10 —	0 10	—	— 21
Sparadrap de diachylon	2 mètres	»	le mètre	Prix 1 20
— de Vigo	1 —	0 20	—	— 2 »
Id.	1 —	»	0m 50	— 1 10
Id.	1 —	»	0m 10	— 0 30
(Les sparadraps ci-dessus sur toile caoutchoutée sont augmentés de moitié).				
Spartéine	10 centigr.	0 40	poids	N° 67
— (sulfate)	1 gr.	0 40	—	— 53
Staphisaigre pulvérisé	30 —	0 10	—	— 25
Stovaïne	50 centigr.	0 40	—	— 65
Stramoine (datura), feuilles mondées	15 gr.	0 20	—	— 15
— pulvérisée	5 —	0 30	—	— 19
Strophantine	5 milligr.	0 50	—	— 77
Strychnine et ses sels	5 centigr.	0 50	—	— 60
Styles de maïs	100 gr.	»	—	— 13
Sublimé corrosif (bichlorure de mercure)	5 —	0 20	—	— 31
— (mélange de) et d'acide tartrique, coloré ou non	10 —	0 20	—	— 37
Suc de réglisse	30 —	»	—	— 17
— de canne pulvérisé (1)	100 —	»	—	— 9
— de lait (lactose) pulvérisé	200 —	»	—	— 19
Suie préparée	10 —	0 10	—	— 31
Sulfate d'alumine	30 —	»	—	— 25
— d'alumine et de potasse (alun) pulvérisé	50 —	»	—	— 8
— d'alumine et de potasse (alun) calciné	40 —	0 10	—	— 14
— d'atropine	10 centigr.	0 50	—	— 72
— de cuivre pur pulvérisé	100 gr.	0 20	—	— 17
— — ordinaire	500 —	»	—	— 11
— — en cylindres	5 —	0 20	—	— 34
— d'ésérine	5 centigr.	0 50	1 centigr.	Prix 0 40
Id.	5 —	0 50	2 —	— 0 70
Id.	5 —	0 50	5 —	— 1 25
— de fer officinal	30 gr.	0 10	poids	N° 10
— — ordinaire	500 —	»	—	— 2
— de magnésie (sel d'Epsom ou de Sedlitz)	60 —	»	—	— 6
— de manganèse	10 —	0 20	—	— 17
— (bi-) de mercure	30 —	0 20	—	— 28
— (sous-) de mercure (turbith minéral)	2 —	0 20	—	— 34
— de pelletiérine, la dose de 0 gr. 30	1 dose	0 40	la dose	Prix 3 60
— de potasse (sel de duobus) pulvérisé	30 gr.	0 10	poids	N° 17
— de quinine officinal	5 —	0 20	—	— 51
— (bi-) de quinine	5 —	0 20	—	— 53
— de soude (sel de Glauber)	60 —	»	—	— 6
— de spartéine	1 —	0 40	—	— 53
— de strychnine	5 centigr.	0 50	—	— 60
— de zinc officinal	10 gr.	0 20	—	— 14
— — ordinaire	20 —	»	—	— 6
Sulfite (bi-) dissous	200 —	0 10	—	— 6
Sulfonal	10 —	0 20	—	— 45
Sulfure d'antimoine pulvérisé	10 —	0 20	—	— 22
— de carbone	30 —	0 20	—	— 13
— de potasse sec (foie de soufre)	200 —	0 10	—	— 10
— de sodium cristallisé (hyposulfate de soude)	30 —	0 10	—	— 18

(1) Ne sera délivré que s'il fait partie d'une préparation composée.

DÉSIGNATION DES MÉDICAMENTS.	QUANTITÉ MAXIMA.	INDEMNITÉ FIXE.	UNITÉ.	NUMÉROS de RÉFÉRENCE ou prix.
		fr. c.		
Sulfure de soude sec	200 gr.	0 10	Poids	N° 10
Suppositoires simples (de beurre de cacao, de miel, de savon, de suif, etc.), pour adultes	10 N	»	la pièce	Prix 0 25
Id.			les 6	— 1 »
Id.			les 10	— 1 50
— composés (ajouter aux prix ci-dessus le prix de l'indemnité fixe et des substances prescrites et augmenter le prix obtenu d'un prix de manipulation de 5 centimes par suppositoire)	10 N	»	»	— » »
— à la glycérine pour adultes	10 N	»	la pièce	— 0 30
Id.			les 6	— 1 20
Id.			les 10	— 2 »
— à la glycérine, composés (établir les prix comme pour les suppositoires au beurre de cacao)	10 N	»	»	»
Sureau, fleurs mondées	60 gr.	»	poids	N° 17
Suspensoirs ordinaires	1 N	»	la pièce	Prix 0 75
— à ceinture demi-élastique	1 N		—	— 1 25
— à poche mobile	1 N		—	— 2 50

T.

DÉSIGNATION DES MÉDICAMENTS.	QUANTITÉ MAXIMA.	INDEMNITÉ FIXE.	UNITÉ.	NUMÉROS de RÉFÉRENCE ou prix.
Tablettes (voir pastilles)	»	»	»	» »
Taffetas d'Angleterre	1 feuille	»	la feuille	— 0 25
— chiffon (gaze chiffon)	0m 50	»	le mètre	— 6 »
— — 50×80	0m 50		0m 50	— 3 30
— — 25×80	0m 50		0m 25	— 1 80
— — 20×50 ou 40×25, etc	1 d q.		10 d. c.	— 1 50
— — 10×50 ou 20×25, etc	500 c. q.		500 c. q.	— 1 »
— — 10×10 ou 5×20, etc	100 —		100 —	— 0 25
— gommé	0m 50		le mètre	— 3 30
— — 50×80	0m 50		0m 50	— 1 80
— — 25×80	0m 25	»	0m 25	— 0 90
— — 20×50 ou 40×25, etc	10 d. q.		10 d. q.	— 0 75
— — 10×50 ou 20×25, etc	500 c. q.		500 c. q.	— 0 50
— — 10×10 ou 5×20, etc	100 —		100 —	— 0 10
Talc de Venise	125 gr.	»	poids	N° 9
Tamarin pulpe	50 —	»	—	— 25
Tannin à l'éther	20 —	0 20	—	— 30
Tarlatane pour cataplasmes	1 mètre	»	le mètre	Prix 0 30
Tartrate d'antimoine et de potasse (émétique), pulvérisé	50 centigr.	0 20	poids	N° 26
— (bi-) de potasse (crème de tartre) pulvérisé	30 gr.	0 10	—	— 21
— (boro-) de potasse (crème de tartre soluble, tartrate borico-potassique)	30 —	0 10	—	— 23
— de potasse et de fer	10 —	0 10	—	— 31
— — et de soude (sel de Seignette)	60 —	0 10	—	— 21
Tartre Stibié (émétique) (tartrate de potasse et d'antimoine) pulvérisé	50 centigr.	0 20	—	— 26
Teinture d'aconit	5 gr.	0 20	—	— 30
— d'aloès	20 —	0 10	—	— 21
— d'aloès composée (élixir de longue vie)	20 —	0 10	—	— 24
— d'arnica	60 —	»	—	— 24
— d'asa fœtida	10 —	0 10	—	— 28
— amère de Baumé	5 —	0 30	—	— 37

DÉSIGNATION DES MÉDICAMENTS.	QUANTITÉ MAXIMA.	INDEMNITÉ FIXE.	UNITÉ.	NUMÉROS de RÉFÉRENCE ou prix.
		fr. c.		
Teinture de badiane (anis étoilé)......	15 gr.	»	Poids	N° 25
— de baume de tolu....................	30 —	»	—	— 28
— de belladone.	10 —	0 20	—	— 30
— de benjoin.	20 —	»	—	— 30
— de boldo.	50 —	0 10	—	— 28
— de cachou.	50 —	0 10	—	— 28
— de cannelle de Ceylan.................	30 —	»	—	— 29
— de cantharide.	5 —	0 20	—	— 31
— de cascara sagrada.	30 —	0 10	—	— 28
— de castorum.	5 —	0 10	—	— 48
— de coca.	30 —	0 10	—	— 28
— de cochenille.	5 —	»	—	— 31
— de Colombo.	30 —	0 10	—	— 28
— de digitale.	5 —	0 20	—	— 30
— de drosera.	10 —	0 20	—	— 30
— d'écorce de citron, d'orange ou d'orange amère (1).	30 —	»	—	— 27
— d'eucalyptus.	20 —	»	—	— 28
— de fève de Saint-Ignace...............	5 —	0 30	—	— 35
— de gayac (résine).....................	10 —	0 10	—	— 28
— de gentiane.	60 —	»	—	— 24
— de girofles.	5 —	»	—	— 28
— de grindélia.	10 —	0 20	—	— 30
— d'hamamelis.	30 —	0 20	—	— 30
— d'hydrastis.	5 —	0 20	—	— 39
— d'iode.	30 —	0 20	—	— 33
— d'ipéca.	10 —	0 20	—	— 34
— de jaborandi.	5 —	0 20	—	— 30
— de jalap composée (eau-de-vie allemande).	30 —	0 20	—	— 28
— de jusquiame.	5 —	0 20	—	— 30
— de kola.	30 —	0 10	—	— 28
— de lobélie.	10 —	0 20	—	— 30
— de musc (1).	5 —	0 20	—	— 64
— de noix vomique.	10 —	0 20	—	— 30
— d'opium (thébaïque)	10 —	0 20	—	— 37
— d'opium camphrée (élixir parégorique).	30 —	0 20	—	— 33
— de quassia.	50 —	0 10	—	— 25
— de quillaya.	50 —	0 10	—	— 28
— de quinquina.	60 —	0 10	—	— 28
— de ratanhia.	50 —	0 10	—	— 28
— de rhubarbe.	15 —	0 10	—	— 30
— de savon.	100 —	»	»	24
— de scille.	5 —	0 20	—	— 30
— de strophantus.	2 —	0 30	—	— 38
— thébaïque (d'opium).	10 —	0 20	—	— 37
— de valériane.	30 —	0 10	—	— 28
— de vanille (1).	1 —	»	—	— 38
— vulnéraire (alcoolature).	50 —	»	—	— 25
Térébenthine de Venise................	30 —	»	—	— 27
Terpine.	10 —	0 10	—	— 31
Terpinol.	10 —	0 20	—	— 34
Thé noir ou vert.	30 —	»	—	— 30
— de Saint-Germain.	50 —	»	—	— 28
— suisse (espèces vulnéraires) (Codex).	30 —	»	—	— 15
Théobromine.	8 —	0 20	—	—
Thermomètre médical à maxima (2)...	2 thermom.	»	la pièce	P
Thym, sommités.	20 gr.	»	poids	N

(1) Ne sera délivrée que si elle fait partie d'une préparation composée.
(2) Ne sera pas délivré aux ouvriers, mais seulement aux établissements.

DÉSIGNATION DES MÉDICAMENTS.	QUANTITÉ MAXIMA	INDEMNITÉ FIXE.	UNITÉ.	NUMÉROS de RÉFÉRENCE ou prix.
		fr. c.		
Thymol cristallisé	10 gr.	0 20	Poids	N° 40
— bi-iodé (iodo-thymol)	15 —	0 20	—	— 46
Thyroïdine sèche	50 centigr.	0 30	—	— 59
Tilleul, fleurs avec bractées	30 gr.	»	—	— 23
Traumaticine	20 —	»	—	— 38
Trinitrine (nitro-glycérine) (en solution alcool au 100°)	2 —	0 20	—	— 50
Trional	5 —	0 20	—	— 50
Trioxyméthylène	10 —	0 20	—	— 34
Turbith minéral (sous-sulfate de mercure)	2 —	0 20	—	— 34
Tussilage (pas d'âne), fleurs	30 —	»	—	— 19
U.				
Ulmarène	10 —	0 20	—	— 40
Uréthane	8 —	0 20	—	— 46
Urotropine (hexaméthylène tétramine)	10 —	0 20	—	— 35
Uva-ursi (busserolle), feuilles	100 —	»	—	— 11
V.				
Valérianate d'ammoniaque cristallisé	8 —	0 20	—	— 40
— de quinine	2 —	0 20	—	— 53
— de zinc officinal	5 —	0 20	—	— 41
Valériane officinale	30 —	»	—	— 12
— — pulvérisée	10 —	0 10	—	— 21
Vanilline (1)	10 centigr.	»	—	— 53
Vaseline	60 gr.	»	—	— 19
— boriquée	60 —	»	—	— 21
— camphrée ou phéniquée	30 —	»	—	— 30
— iodoformée (Codex)	30 —	0 20	—	— 33
— liquide (huile de vaseline)	30 —	»	—	— 21
— mentholée, à 2 p. 100	30 —	0 10	—	— 30
— salolée (Codex)	30 —	0 10	—	— 28
— au sublimé (Codex)	30 —	0 20	—	— 24
Vératrine	25 centigr.	0 50	—	— 64
Véronal	5 gr.	0 20	—	— 58
Vin aromatique	250 —	»	—	— 14
— blanc (2)	250 —	»	—	— 11
— de coca	300 —	»	—	— 19
— de colchique	150 —	0 20	—	— 21
— de Colombo	300 —	»	—	— 19
— créosoté	300 —	0 10	—	— 21
— diurétique amer de la Charité	250 —	0 20	—	— 21
— — de l'Hôtel-Dieu ou de Trousseau	150 —	0 20	—	— 21
— de gentiane	300 —	»	—	— 13
— iodotannique	300 —	»	—	— 20
— — phosphaté (Codex)	300 —	»	—	— 21
— de kola	300 —	»	—	— 18
— de malaga, de grenache ou autre vin analogue (2)		»	—	— 15
— de quinquina au bordeaux	1000 —	»	—	— 13

(1) Ne sera délivrée que si elle fait partie d'une préparation composée.
(2) Ne sera délivré que s'il fait partie d'une préparation composée.

DÉSIGNATION DES MÉDICAMENTS.	QUANTITÉ MAXIMA.	INDEMNITÉ FIXE.	UNITÉ.	NUMÉROS de RÉFÉRENCE ou prix.
		fr. c.		
Vin de quinquina au grenache, au lunel, au malaga ou autre vin analogue	500 gr.	»	—	N° 18
— de quinquina ferrugineux	500 —	»	—	— 20
— rouge (de Bordeaux ou analogue) (1).	1.000 —	»	—	— 11
— de la Charité (vin diurétique amer).	250 —	0 20	—	— 21
— de l'Hôtel-Dieu ou de Trousseau (vin diurétique de)	150 —	0 20	—	— 21
Violettes, fleurs	20 —	»	—	— 31
X.				
»				
Y.				
»				
Z.				
»				
Spécialités admises.				
Emulsion Scott	1 flacon	»	l'un	Prix 3 50
Ergotinine Tauret	1 —	»	—	— 3 »
Fer Robin	1 —	»	—	— 4 50
Pelletiérine Tauret	1 —	»	—	— »
Sirop Rami	1 —	»	—	— 3 »
Sirop Teissèdre	1 —	»	—	— 2 »
Sirop Delabarre	1 —	»	—	— 3 50
Sirop de Follet	1 —	»	—	— 3 »
Sirop de Fournier	1 —	»	—	— 3 »
Valérianate d'ammoniaque Pierlot	1 —	»	—	— 6 »

(1) Ne sera délivré que s'il fait partie d'une préparation composée.

CHAPITRE III.

Bandages et objets de pansement.

I. — Bandages (1).

	CADETS.	ADULTES.
Bandage simple, inguinal ou crural	3 75	4 50
— double sur une seule branche	4 50	5 »
— brisé	6 50	7 50
— ombilical	4 50	5 »

Bas à varices : chaussette	la pièce	6 »
— genouillère	—	6 »
— bas	—	8 »
— bas à genou	—	12 »
— — mi-cuisse	—	16 »
— — cuissard	—	18 »

(1) Ces prix s'entendent pour des objets de mesures courantes et de fabrication simple.

II. Objets de Pansement.

DÉSIGNATION.	UNITÉS DIVERSES.	PRIX largeur 0m, 05	largeur 0m, 07	largeur 0m, 10	500 gr.	250 gr.	125 gr.	50 gr.	NUMÉROS de référence AU BARÈME.
		fr.	fr. c.	fr. c.	fr. c.	fr. c.	fr. c.	fr. c.	
Attelles en bois, longueur 0m 30.... 0 75	»	» »	» »	» »	»	» »	» »	» »	»
— — 0m 50.... 1 »	»	» »	» »	» »	»	» »	» »	» »	»
— — 0m 75.... 1 25	»	» »	» »	» »	»	» »	» »	» »	»
Bandes de flanelle........................	5 mètres	2 »	2 50	3 »	»	» »	» »	» »	»
— de **gaze hydrophile**..............	—	0 50	0 60	0 70	»	7 25	4 »	1 80	**35**
— de tangeps..........................	—	0 40	0 50	0 60	»	4 80	2 65	1 20	**32**
— de tarlatane........................	—	0 40	0 50	0 60	»	4 80	2 65	1 20	**32**
— — phéniquée..............	—	0 50	0 60	0 70	»	»	»	»	»
— de toile.............................	—	1 »	1 30	1 80	»	2 50	1 40	0 65	**25**
— de crépon (filet bleu)............	la bande	1 10	1 40	1 80	»	» »	» »	»	»
— — (filet rouge)...........	—	1 30	1 70	2 30	»	» »	» »	»	»
Catgut non préparé........ l'écheveau.	5 mètres	0 75	»	»		» »	» »	»	»
— stérilisé................. le tube.	2m, 50	4 »	»	»	»	» »	» »	»	»
Cerceau en fer, pour lit..................	la pièce	7 50	»	»	»	» »	» »	»	»
Compresses de gaze stérilisées en récipients hermétiquement clos....... grandes... *Compresses*.................. moyennes. *Compresses*.................. petites....	les 6 les 9 les 12	4 »	»	»	»	» »	» »	»	»
Compresses de toile........................	»	»	»	»	»	2 50	1 40	0 65	**25**

DÉSIGNATION.	UNITÉS DIVERSES.	PRIX.	KILO.	500 gr.	250 gr.	125 gr.	50 gr.	QUANTITÉ MAXIMA.
	fr. c.	fr. c.	fr. c.	fr. c.	fr. c.	fr. c.	fr. c.	
Coton ordinaire cardé................................	la feuille	0 10	» »	» »	» »	»	»	»
— — —	0m, 50	0 40	» »	2 »	1 25	0 70	0 40	50 gr.
— — —	1 mètre	0 75	» »	» »	» »	»	»	»
— hydrophile................................	»	» »	5 »	2 75	1 50	0 75	0 40	50 —
— — (par divisions)......................	»	» »	5 50	3 »	1 75	0 90	0 50	50 —
— — stérilisé en récipients hermétiquement clos..................	»	» »	» »	» »	» »	3 »	1 75	50 —

DÉSIGNATION.	UNITÉS DIVERSES.	PRIX.	QUANTITÉ MAXIMA.
Crins de Florence non stérilisés	les 12	0 75	»
— — —	les 25	1 25	»
— — stérilisés le tube	de 12	2 »	»
— — — —	de 25	2 50	»
— — — —	de 50	3 »	»
Drains en caoutchouc, sans préparation	le mètre	1 50	»
— — stérilisés le flacon de	$0^m,20$	3 50	»
Fil d'argent pour sutures	le gramme	1 »	»
Gaze hydrophile purifiée le paquet de	5 mètres	2 50	»
— — —	1 —	0 60	»
— — aseptique stérilisée, en récipients hermétiquement clos flacon ou boîte de	5 —	6 »	»
— —	1 —	1 80	»
— boriquée le paquet de	5 —	3 »	»
— — —	1 —	0 80	»
— idoformée officinale le flacon de	1 —	2 »	»
— — — —	$0^m,50$	1 20	»
— phéniquée — —	1 mètre	1 25	»
— salicylée le paquet de	5 —	3 50	»
— — —	1 —	1 »	»
— salolée officinale le flacon de	1 —	1 25	»
— au sublimé officinale le paquet de	5 —	3 »	»
— — — —	1 —	0 80	»
Gouttière en toile métallique pour bras coudé	la pièce	7 50	»
— en toile métallique pour jambe et pied	—	8 50	»
— en toile métallique pour cuisse, jambe et pied	—	12 »	»
Linge fenêtré	»	»	»
Lint pur	1 mètre	1 75	»
— boriqué	—	2 »	»
Protective (1^m sur 0^m 20)	le rouleau	2 »	»
Plâtre préparé boîte de	1 kilo	1 50	»
— —	500 gr.	1 25	»
Soie plate phéniquée —	9 mètres	1 75	»
— stérilisée flacon de	9 —	4 »	»

CHAPITRE IV.

Tarifs de la Verrerie.

DÉSIGNATION.			CONTENANCES								
			de 4 gr. à 15 gr.	de 24 à 60 gr.	de 90 à 150 gr.	de 180 à 210 gr.	de 250 à 375 gr.	de 500 gr.	de 600 gr.	de 750 gr.	de 1000 gr.
		fr. c.	fr. c.	fr. c.	fr. c.	fr. c.	fr. c.	fr. c.	fr. c.	fr. c.	fr. c.
Goulots verre blanc ou coloré	la pièce.	» »	0 10	0 10	0 10	0 15	0 20	0 25	0 30	0 35	0 40
Flacons à large ouverture	—	» »	0 10	0 10	0 15	0 20	0 30	0 50	0 60	0 70	0 80
— bouchés à l'émeri	—	» »	0 25	0 30	0 40	0 50	0 70	0 90	1 20	1 25	1 50
— — — (large ouverture)	—	» »	0 40	0 50	0 75	1 »	1 25	1 50	1 60	1 75	2 »
— à teinture d'iode bouchés à l'émeri, de 15 grammes	—	0 20	» »	» »	» »	» »	» »	» »	» »	» »	» »
— — — — — de 30 grammes	—	0 30	» »	» »	» »	» »	» »	» »	» »	» »	» »
Pommadiers bouchés à l'émeri	—	» »	» »	0 60	» »	» »	» »	» »	» »	» »	» »
Pots de porcelaine	—	» »	0 10	0 10	0 20	0 30	0 50	0 60	» »	» »	» »
— demi-porcelaine	—	» »	0 10	0 10	0 15	0 20	0 30	0 40	» »	» »	» »
— à couvercle en porcelaine	—	» »	0 30	0 40	0 60	1 10	1 50	2 »	» »	» »	» »
— — métallique vissé	—	» »	0 20	0 25	0 40	0 60	0 80	»	» »	» »	» »
— — celluloïd	—	» »	0 15	0 20	0 30	0 40	0 60	0 80	» »	» »	» »
— à onguent vétérinaire	—	» »	0 10	0 10	0 15	0 20	0 35	0 50	0 60	» »	0 75
Étuis à pilules, couvercle vissé (toute contenance)	—	0 10	» »	» »	» »	» »	» »	» »	» »	» »	» »
Litres	—	0 25	» »	» »	» »	» »	» »	» »	» »	» »	» »
Demi-litres { verre blanc	—	0 25	» »	» »	» »	» »	» »	» »	» »	» »	» »
Demi-litres { verre vert	—	0 20	» »	» »	» »	» »	» »	» »	» »	» »	» »
Demi-bouteilles	—	0 15	» »	» »	» »	»	» »	» »	» »	» »	» »
Bouteilles à limonade	—	0 25	» »	» »	» »	» »	» »	» »	» »	» »	» »
Demi-bouteilles à limonade	—	0 20	» »	» »	» »	» »	» »	» »	» »	» »	» »
Tubes à essai	—	0 20	» »	» »	» »	» »	» »	» »	» »	» »	» »
Verres coniques à expériences (selon grandeur), depuis	—	0 50	» »	» »	» »	» »	» »	» »	» »	» »	» »

TABLEAU A.

ANNEXE III.

Nomenclature des appareils prothétiques à fournir au compte des masses particulières d'assistance en cas de maladie.

NUMÉROS Sommaires.	NUMÉROS Détaillés.	DÉSIGNATION.	PRIX. fr.	PRIX. c.
79	5	Béquille à sabot mobile en caoutchouc................	6	»
	6	Béquillon	1	»
80	1	Bandage herniaire crural, de droite..................	4	50
	2	Bandage herniaire crural, de gauche..................	4	50
	3	Bandage herniaire inguinal double, pelote en poire.....	5	»
	4	Bandage herniaire inguinal double, pelote triangulaire..	5	»
	5	Bandage herniaire inguinal simple, pelote en poire, de droite	4	75
	6	Bandage herniaire inguinal simple, pelote en poire, de gauche....................................	4	75
	7	Bandage herniaire inguinal simple, pelote triangulaire de droite....................................	4	75
	8	Bandage herniaire inguinal simple, pelote triangulaire de gauche....................................	4	75
	9	Bandage herniaire ombilical..........................	5	»
		Pessaires utérins.......................................	4	»
		Ceinture hypogastrique.................................	20	»
		Ceinture de grossesse..................................	8	»
		Ceinture pour rein flottant............................	10	»
		Ceinture abdominale.....................................	4	»
81	3	Avant-bras artificiel (avant-bras d'ouvrier muni d'un crochet et d'un anneau, modèle n° 4 ou n° 8 du carnet IV)..	75	»
	4	Bas simple..	8	»
	5	Bas à genou..	12	»
	6	Bas à cuisse..	15	»
	7	Bas molletière..	6	»
	8	Bas genoulière..	6	»
	9	Bas cuissard..	16	»
	10	Bas cuissard à genou...................................	18	»
	11	Bras artificiel (bras d'ouvrier muni d'un anneau, douille crochet, modèle n° 1 du carnet V)..................	85	»
	15	Cuissard à pilon (ordinaire ou articulé, modèle n° 1 ou modèle n° 2 du carnet III)............................	50	»
	18	Jambe artificielle (modèle n° 1 ou n° 6 du carnet II)....	45	»
	19	Jambe de bois à pilon ordinaire (modèle n° 5 du carnet II).	40	»
	24	Pied artificiel articulé, avec jambière modelée (modèle n° 1 du carnet I)..	120	»
		Suspensoirs divers (suivant le modèle).	0 75 à 2 50	

TABLEAU B.

ANNEXE III.

I. — *Nomenclature des accessoires qui doivent faire partie des approvisionnements des salles de consultation pour être livrés à titre de prêt temporaire aux malades.*

Pulvérisateur à vapeur.
Tubes en caoutchouc.
Thermomètres médicaux.
Attelles en bois diverses.
Gouttières en toile métallique.
Bassins en tôle émaillée.
Biberettes en porcelaine.
Douche d'Esmarch.

II. — *Nomenclature des accessoires qui seront délivrés en toute propriété aux malades.*

Canules diverses.
Sondes molles diverses.
Pessaires en gomme.
Poires à injection en caoutchouc.
Gants de crin.
Lunettes (livrables seulement après accident du travail).
Pinceaux divers.
Seringues pour oreilles ou nez.
Serre-bras en gomme ou en fer-blanc.

ANNEXE IV.

Modèles divers.

NUMÉROS des MODÈLES.	TITRES DES MODÈLES.
1	Registre d'examen médical des candidats ouvriers civils et des ouvriers licenciés pour manque de travail.
2	Répertoire des cartes médicales.
3	Registre des consultations médicales.
4	Relevé des consultations médicales.
5	Carnet à souche portatif des visites à domicile.
6	Carnet à souche portatif d'ordonnances médicales.
7	Certificat de visite.
7 *bis*.	Certificat de contre-visite.
8	Certificat d'origine de blessure reçue en service commandé.
9	Registre des entrées et sorties du matériel du service de santé.
10	Rapport annuel sur l'état sanitaire et l'hygiène de l'établissement.

CORPS D'ARMÉE
ou
GOUVERNEMENT MILITAIRE
de

SERVICE D (1)

MODÈLE N° 1
Article 13 de l'Instruction C pour l'application de l'art. 19 du décret du 26 février 1897.

(1) Désignation du service.
(2) Désignation de l'établissement.

Hauteur. . . . . 0m,32.
Largeur. . . . . . . 0m,21.

(2)

REGISTRE D'EXAMEN MÉDICAL

DES CANDIDATS OUVRIERS CIVILS

ET DES OUVRIERS LICENCIÉS POUR MANQUE DE TRAVAIL

La 2e partie devra comprendre quelques pages seulement du registre.

Instruction sur la tenue du registre.

(Article 13 de l'Instruction C pour l'application de l'article 19 du Décret du 26 février 1897.)

Les résultats de la visite médicale que passent les candidats ouvriers et les ouvriers licenciés sont consignés sur le registre modèle n° 1, qui est confidentiel.

Les visites d'admission et celles à faire subir sur leur demande aux ouvriers licenciés sont passées conformément aux prescriptions de l'article 13 de l'instruction C.

Il est rappelé que le médecin qui passe la visite agit en qualité d'expert médical; par suite, il n'a pas qualité pour indiquer la spécialité ou l'importance du travail à confier à l'ouvrier. Son examen se résume en l'une ou l'autre de ces conclusions : « Apte » ou « Inapte ». Suivant le cas, il fait figurer le nom de l'ouvrier à la première ou à la seconde partie du registre.

Le médecin ne doit jamais faire connaître à l'intéressé le motif pour lequel il le déclare inapte, ni inscrire son diagnostic à la deuxième partie du registre; le nom seul de l'ouvrier y figure.

Le candidat déclaré apte signe le folio qui lui est affecté, en même temps que le médecin.

Après chaque visite, le registre est communiqué au chef d'établissement.

Les chefs d'établissement doivent faire reporter, au jour le jour, sur ce registre, les maladies ou blessures occasionnées aux ouvriers du fait de l'exécution du travail.

Un répertoire alphabétique avec renvois aux numéros des folios est annexé au registre.

1re *Partie.*

CANDIDATS DÉCLARÉS APTES AU SERVICE DE L'ÉTABLISSEMENT
ET OUVRIERS LICENCIÉS VISITÉS SUR LEUR DEMANDE.

N° Nom , prénoms
Né le , à
canton de , département de

État physique de l'ouvrier au moment de l'examen.

1° Constitution.	
2° Tempérament.	
3° Maladies antérieures.	(1)
4° Antécédents héréditaires et prédispositions morbides.	(1)
5° Défectuosités ou infirmités compatibles avec l'admission de l'ouvrier.	(1)

A , le 19 .

Le Médecin, *L'Ouvrier,*

Pendant le séjour de l'ouvrier à l'établissement.

MALADIES, ACCIDENTS OU BLESSURES occasionnés par l'exécution du service.	DATES.	SIGNATURE DU MÉDECIN.

(1) Le mot « Néant » sera inscrit en toutes lettres en regard des titres 3, 4 et 5 si l'examen médical qui s'y rapporte est négatif.

2e *Partie.*

NOMS DES CANDIDATS

DÉCLARÉS INAPTES AU SERVICE DE L'ÉTABLISSEMENT POUR RAISON DE SANTÉ.

DATE DE LA VISITE.	NOMS ET PRÉNOMS DES CANDIDATS.	SIGNATURE DU MÉDECIN.

MODÈLE N° 2.
Article 15 de l'Instruction C pour l'application de l'art. 19 du décret du 26 février 1897.

RÉPERTOIRE DES CARTES MÉDICALES.

Format. . . . . 32×21.

DATE de la DÉLIVRANCE.	NOMS ET PRÉNOMS.	DOMICILES SUCCESSIFS.	DATE de la RESTITUTION.
	MM.		
12 mai 1910.	DURAND (Louis).	Rue d'Algérie, n° 15.	7 avril 1911.
		(Laisser quelques lignes en blanc pour chaque ouvrier.)	
4 décembre 1905.	LÉVY (Joseph).	Rue d'Aboukir, n° 29.	

CORPS D'ARMÉE
ou
GOUVERNEMENT MILITAIRE
de

(1) Indication du service.
(2) Indication de l'établissement

SERVICE d (1)

MODÈLE N° 3.

Article 15 de l'Instruction C pour l'application de l'art. 19 du décret du 26 février 1897.

Hauteur. . . . . . 0m,32.
Largeur. . . . . . 0m,21.

(2)

REGISTRE

DES CONSULTATIONS MÉDICALES.

INSTRUCTION SUR LA TENUE DE CE REGISTRE.

(Article 15 de l'instruction C pour l'application du décret du 26 février 1897.)

A son arrivée, le médecin reçoit la liste des ouvriers consultants; il fait inscrire par un aide leurs noms sur le présent registre qui doit être tenu avec le plus grand soin.

En regard du nom de chaque consultant, le médecin inscrit :

1° Le diagnostic, en abréviation ou en signes conventionnels;

2° Ses décisions qui sont l'une des suivantes :

a) Exempt de travail ou d'une partie du travail,

b) A visiter à domicile,

c) Consultation, lorsque l'ouvrier examiné est reconnu capable de faire son service;

3° La durée de l'exemption de travail.

Celle-ci ne doit pas, en principe, dépasser quatre jours, à l'expiration desquels l'ouvrier, s'il n'est pas guéri, se présente de nouveau au médecin. Celui-ci peut, s'il le juge nécessaire, faire venir à la consultation l'ouvrier bien qu'exempté de service;

4° Le cas échéant, les objets à délivrer à la consultation, la nature des pansements à pratiquer;

Le chef d'établissement vise tous les mois le registre de consultations médicales; il peut se le faire présenter plus souvent s'il le juge utile.

NOMS.	EMPLOI.	DIAGNOSTIC.	DÉCISION. — a) Exempt du travail ou d'une partie du travail (indiquer la durée de l'exemption); b) A visiter à domicile; c) Consultation.	INDICATION DES MÉDICAMENTS et objets délivrés à la consultation et des pansements prescrits.
		Consultation du................		
LESIEUR....	Ouvrier.	Courbature et fièvre.	Exempt 4 jours.	Sulfate de quinine: 5 pilules à 0 gr. 05.
FENAUX	Id.	»	Consultation.	»
MASSET.....	Id.	Panaris index gauche.	Exempt 2 jours.	Pansement humide.
ROZOY	Ouvrière.	Rhumatisme articulaire; fièvre.	A visiter à domicile.	»

CORPS D'ARMÉE
ou
GOUVERNEMENT MILITAIRE
de

SERVICE DE (1)

(2)

MODÈLE N° 4.
Article 15 de l'Instruction C pour l'application de l'art. 19 du décret du 26 février 1897.

(1) Indiquer le service.
(2) Indiquer l'établissement.

Hauteur...... 0m,32.
Largeur...... 0m,21.

RELEVÉ DES CONSULTATIONS MÉDICALES.

Consultation du.........

NOMS.	EMPLOI.	DÉCISION. — (A) Exemption du travail ou d'une partie du travail (indiquer la durée de l'exemption). (B) A visiter à domicile. (C) Consultation.	MALADIE OU BLESSURE paraissant RÉSULTER DU SERVICE. — Dans le cas où la maladie ou la blessure ne paraît pas attribuable au service, inscrire la mention « Néant ».
LESIEUR......	Ouvrier.	Exempt 4 jours.	Néant.
FENAUX......	Id.	Consultation.	Néant.
MASSET......	Id.	Exempt 2 jours.	Panaris index gauche.
ROZOY.......	Ouvrière.	A visiter à domicile.	Néant.

A , le 19

Le Médecin traitant,

CORPS D'ARMÉE
ou
GOUVERNEMENT MILITAIRE
de

(1) Désigner le service.
(2) Désigner l'établissement.

SERVICE D (1)

(2)

Modèle n° 5.

Article 16 de l'Instruction C pour l'application de l'art. 19 du décret du 26 février 1897.

Hauteur. . . . . . 0m,13.
Largeur. . . . . . 0m,21.

CARNET A SOUCHE PORTATIF DES VISITES MÉDICALES A DOMICILE.

INSTRUCTION POUR LA TENUE DE CE CARNET.

(Article 16.)

Le médecin tient état des ouvriers qu'il visite à domicile et du nombre des visites faites à chacun d'eux.

Après sa première visite, il adresse au chef d'établissement la première partie du bulletin extrait du présent carnet et il lui fait connaître si la maladie entraînant incapacité de travail qu'il a constatée peut, à son avis, résulter du service. Ce bulletin tenant lieu de registre médical et mentionnant le diagnostic de la maladie doit être envoyé sous enveloppe au chef d'établissement. Lorsque le malade est reconnu apte à reprendre son service, le médecin en informe le chef d'établissement en lui adressant la deuxième partie du bulletin extraite du présent carnet, après y avoir inscrit la date à laquelle l'ouvrier doit rentrer et après avoir complété les indications que doit fournir la souche.

N° 65[2].

N°.

Souche qui reste attachée au carnet.

M

atteint de :

est indisponible

du

au

A , le 19

Le Médecin traitant,

(1) Désigner l'établissement.

6

N°.

(1)

A conserver et à n'adresser au chef d'établissement qu'en fin de traitement.

M

peut reprendre son service à partir du :

A , le 19

Le Médecin traitant,

N°

(1)

A adresser après la première visite, sous enveloppe, au chef d'établissement.

M

doit être considéré comme indisponible à partir du :

par suite de :

(2)

A , le 19

Le Médecin traitant,

(2) Mentionner, s'il y a lieu, que la maladie ou la blessure paraît résulter du service.

CORPS D'ARMÉE
ou
GOUVERNEMENT MILITAIRE
de

Modèle n° 6.

Article 17 de l'Instruction C pour l'application de l'art. 19 du décret du 26 février 1897.

Hauteur. . . . . . 0m,12.
Largeur. . . . . . 0m,21.

SERVICE D (1)

(2)

CARNET A SOUCHE PORTATIF D'ORDONNANCES MÉDICALES.

(1) **Désigner** le service.
(2) **Désigner** l'établissement.

INSTRUCTION POUR LA TENUE DE CE CARNET.

(Article 17.)

Tous les médicaments et objets divers qui ne peuvent être tirés des approvisionnements de l'établissement font l'objet d'ordonnances médicales établies par le médecin lui-même. Chacun des folios est suivi d'un duplicata portant un numéro *bis*; entre les deux, le médecin intercale une feuille de papier à copier de façon à obtenir le double de l'ordonnance médicale qu'il remet à l'intéressé en même temps que celle-ci.

Les ordonnances médicales sont présentées pour exécution aux pharmaciens agréés qui délivrent les médicaments sans rétribution aucune; les duplicata portant des numéros *bis* sont conservés par les ouvriers et présentés au médecin lors des visites suivantes.

NOTA. — Le décompte des fournitures est porté sur l'ordonnance par le pharmacien.

N°

Bon des médicaments et objets de pansement à délivrer à M.

(Cette souche ne contiendra que le nom du bénéficiaire de l'ordonnance et la date.)

A , le 19 .

N°

(Désignation de l'établissement.)

BON des médicaments et objets de pansement à délivrer à M

DÉNOMINATION.	FORMULE.	QUANTITÉS.	DÉCOMPTE DES FOURNITURES.				
			In-demnité fixe.	Ma-nipula-tion.	Tarif.	Prix total.	Eaux minéra-les.

(NOTA. — L'imprimé sera réglé 9 ou 10 lignes.)

A , le 19 .

Le Médecin traitant,

N° ▒ bis.

Bon des médicaments et objets de pansement à délivrer à M.

A , le 19 .

N° ▒ *bis*.

Bon des médicaments et objets de pansement à délivrer à M

DÉNOMINATION.	FORMULE.	QUANTITÉS.
	A , le 19 . *Le Médecin traitant,*	

° CORPS D'ARMÉE
ou
GOUVERNEMENT MILITAIRE
de

SERVICE D (1)

(2)

MODÈLE N° 7.

Article 20 de l'Instruction C pour l'application de l'art. 19 du décret du 26 février 1897.

(1) Désigner le service.

(2) Désigner l'établissement.

(3) Nom.

(4) Nom et prénoms.

(5) Ouvrier ou ouvrière.

(6) Diagnostic et description détaillée des infirmités.

(7) De diminuer la capacité de travail de l'intéressé

ou :

De mettre l'intéressé dans l'impossibilité absolue de travailler.

CERTIFICAT DE VISITE.

Exécution de l'ordre de M. le Chef de l'établissement en date du

Je soussigné (3) médecin chargé du service médical dudit établissement, certifie que M. (4) né à département de âgé de ans, ouvrier (5) à (2) est atteint de (6)

En conséquence, estime que les infirmités relatées ci-dessus ont pour résultat (7)

A , le 19 .

MODÈLE N° 7 *bis*.

Article 20 de l'Instruction C pour l'application de l'art. 19 du décret du 26 février 1897.

CERTIFICAT DE CONTRE-VISITE.

(1) Nom.

(2) Grade

(3) Corps ou établissement.

(4) Nom et prénoms.

(5) Ouvrier ou ouvrière.

(6) Diagnostic et description détaillée des infirmités.

(7) De diminuer la capacité de travail de l'intéressé

ou :

De mettre l'intéressé dans l'impossibilité absolue de travailler.

Exécution de l'ordre de M. le Général commandant l subdivision en date du

Je soussigné (1) médecin (2) au (3) après avoir contre-visité M. (4) ouvrier (5) d'autre part dénommé , certifie qu' atteint d (6)

En conséquence, estime que les infirmités ci-dessus relatées ont pour résultat (7)

A , le 19 .

· CORPS D'ARMÉE
ou
GOUVERNEMENT MILITAIRE
de

SERVICE D (1)

(2)

MODÈLE N° 8.
Article 20 de l'Instruction C pour l'application de l'art. 19 du décret du 26 février 1897.

Hauteur. . . . . . 0m,32.
Largeur. . . . . . 0m,21.

(1) Désigner le service.
(2) Désigner l'établissement.
(3) Indiquer les noms, prénoms et emplois.
(4) Nom et prénoms.
(5) Ouvrier ou ouvrière.
(6) En toutes lettres: heure, jour, mois et année.
(7) Relater les faits que les témoins ont vus, en désignant bien exactement la partie du corps atteinte, sans employer toutefois aucune indication médicale technique.
(8) Préciser avec le plus grand soin toutes les circonstances dans lesquelles se sont produits les faits, ainsi que la nature du service commandé que l'intéressé accomplissait à ce moment.
(9) Indiquer le nom.
(10) Nom et prénoms.
(11) Jour, mois, année.
(12) Décrire l'état du malade au moment où les premiers soins lui ont été donnés, en mentionnant, aussi exactement que possible, le siège et la nature des lésions.
(13) Noms, prénoms des deux témoins et du médecin.
(14) Confirmer l'exactitude des faits relatés par les témoins.

CERTIFICAT D'ORIGINE DE BLESSURE
REÇUE EN SERVICE COMMANDÉ.

Nous soussignés
1er témoin (3)
2e témoin (3)

Certifions que M. (4)
(5)
le (6)
a (7)

dans (8)

Fait à le 19 .
1er témoin, *2e témoin,*

Nous, soussigné (9) médecin ,
certifions que (10) ,
le (11) , a été (12)

A , le 19 .
Le Médecin,

Nous, chef de l'établissement, certifions que les signatures apposées ci-dessus sont bien celles des (13)
et (14)

A , le 19 .
Le Chef de l'établissement,

CORPS D'ARMÉE
ou
GOUVERNEMENT MILITAIRE
de

(1) Indication du service.
(2) Indication de l'établissement.

SERVICE D (1)

(2)

MODÈLE N° 9.

(Art. 21 de l'Instruction C pour l'application de l'art. 19 du décret du 26 février 1897.)

Hauteur 0m,32
Largeur 0m,21

MATÉRIEL DU SERVICE DE SANTÉ.

REGISTRE
des
ENTRÉES ET SORTIES.

Ce registre est destiné à suivre les mouvements du matériel confié au médecin; étant un document comptable, il doit être tenu avec la plus grande exactitude.

En fin d'année, les résultats de la balance des écritures sont comparés à ceux du comptable en matières; celui-ci et le médecin signent le présent registre après vérification des existants accusés par les écritures.

DATES DES OPÉRATIONS.	NATURE DES MOUVEMENTS du matériel.	ASPIRATEUR DE POTAIN.	THERMO-CAUTÈRE	BOITE POUR AVULSION DES DENTS.					
	Numéros de la Nomenclature (sommaire et détaillée).	1/2	1/16	2/7					
	Existant au 1er janvier 191								
	Entrées.								
	....								
	....								
	Totaux........								
	Sorties.								
	....								
	....								
	Totaux........								
	Reste au 1er janvier 191 .								

Le Comptable en matières,

Le Médecin,

CORPS D'ARMÉE
ou
GOUVERNEMENT MILITAIRE
de

DÉSIGNATION DE L'ÉTABLISSEMENT

MODÈLE N° 10.

Article 22 de l'Instruction C pour l'application de l'art. 19 du décret du 26 février 1897.

RAPPORT ANNUEL
sur
L'ÉTAT SANITAIRE ET L'HYGIÈNE DE L'ÉTABLISSEMENT.

TITRE I.

1° Effectif moyen pendant l'année.
- Hommes adultes. . . . .
- Femmes et filles majeures. . . . .
- Femmes et filles de 18 à 21 ans. . . . .
- Enfants de 13 à 18 ans. Garçons. . . . .
- Enfants de 13 à 18 ans. Filles. . . . .

TOTAL. . . . .

2° Principales affections observées; un paragraphe spécial sera réservé pour les maladies contagieuses et épidémiques sévissant spécialement dans la région. On fera connaître avec toute la précision possible les nombres d'ouvriers et ouvrières atteints de tuberculose, ainsi que le nombre de ceux arrivés à une période de la maladie qui peut faire craindre la contagion.

On donnera ensuite la statistique des maladies, des décès et de leurs causes en adoptant les divisions ci-après :

I. — *Statistique des maladies traitées pendant l'année.*

DÉSIGNATION DES MALADIES.	NOMBRE de CAS.	CAUSES des DÉCÈS.	NOMBRE de DÉCÈS.
Maladies générales.			
— de l'appareil respiratoire.			
— de l'appareil circulatoire.			
— de la peau.			
— de l'appareil digestif. . . .			
— du système nerveux.			
— des yeux, nez, oreilles, gorge.			
— de l'appareil uro-génital.			
— Affections diverses.			

3° Tableau indiquant les accidents du travail avec leur répartition numérique en contusions, plaies, lésions des os et des articulations, lésions diverses. On fera connaître le nombre d'accidents ayant donné lieu à une indisponibilité temporaire et le nombre de ceux qui ont eu pour résultat une indisponibilité permanente.

4° On fera connaître le nombre d'ouvriers rayés des contrôles pour invalidité, pour maladie prolongée ou contagieuse, ainsi que les causes de leur radiation.

TITRE II.

Hygiène.

1° Bâtiments et locaux :

a) Hygiène des ateliers, sol, planchers, aération, ventilation, chauffage, lavabos, latrines, vestiaires;

b) Hygiène des conditions du travail : poussières, gaz dangereux ou méphytiques, buées, vapeurs nocives, etc.

2° Mesures de prophylaxie proposées.

3° Améliorations apportées aux locaux et aux conditions du travail pendant l'année.

4° Hygiène des ouvriers et ouvrières de moins de 18 ans.

TITRE III.

Exécution du service médical.

Indiquer toutes les améliorations dont le service paraîtrait susceptible.

TITRE IV.

Propositions et observations diverses.

A , le 191 .

Le médecin traitant,

Vu :

Le chef d'établissement,

Nota. — Ce modèle n'est qu'un canevas auquel les médecins pourront faire telles additions qu'ils jugeront nécessaires ou simplement utiles.

Instruction C_1 sur l'administration et le fonctionnement des masses d'assistance.

Paris, le 8 avril 1913.

TITRE Ier.

ORGANISATION GÉNÉRALE.

Objet du service d'assistance en cas de maladie.

Art. 1er. Les masses d'assistance en cas de maladie ont pour objet de pourvoir, à forfait, aux dépenses auxquelles donne lieu, dans les établissements qui emploient du personnel civil d'exploitation, l'exécution du service médical et pharmaceutique, que la maladie à traiter soit ou non la conséquence du service ou qu'elle résulte d'un accident du travail. Les économies réalisées par les établissements sur leurs masses demeurent acquises à celles-ci, sauf l'exception prévue à l'article 5.

En aucun cas, les salaires ou portions de salaire auxquels ont droit les ouvriers pendant les journées de maladies, ou pendant celles d'indisponibilité après un accident du travail, ne sont payés par les masses d'assistance.

Documents qui régissent l'ensemble du service.

Art. 2. L'exécution de ce service est réglée :

D'une façon générale par la loi du 9 avril 1898, modifiée par celles du 22 mars 1902 et du 31 mars 1905 et par le décret du 26 février 1897;

Dans ses détails, par l'instruction D du 17 juin 1905 et par l'instruction C du 8 avril 1913.

Rôle des masses.

Art. 3. Dans chaque établissement ou, le cas échéant, dans chaque groupe d'établissements situés dans la même ville ou dans la même région de corps d'armée, il est créé une masse particulière d'assistance, qui fait face, au moyen d'allocations spéciales, à toutes les dépenses énumérées à l'article 9.

Dans le but de répartir sur l'ensemble des établissements les dépenses autres que celles qui, étant à peu près constantes ou susceptibles d'une détermination suffisamment exacte, doivent rester en totalité à la charge des masses particulières, il est créé une masse générale d'assistance dont la gestion est confiée à l'atelier de construction de Puteaux.

Cette masse générale est, en principe, une caisse d'assurances mutuelles contre les charges et dépenses anormales ou exceptionnelles; ses ressources proviennent de subventions ou primes que lui versent les masses particulières à la fin de chaque trimestre.

TITRE II.

FONCTIONNEMENT DES MASSES PARTICULIÈRES ET DE LA MASSE GÉNÉRALE.

SECTION A. — MASSES PARTICULIÈRES.

Recettes des masses.

Art. 4. Au moment de leur constitution, les masses particulières reçoivent une première mise en argent égale à la moitié des allocations applicables aux dépenses de la 2e catégorie, qui leur restent imputables (voir art. 9) et qui sont afférentes au premier trimestre de leur fonctionnement. Cette première mise a pour objet de faciliter la mise en train du service et de constituer le noyau du fonds de réserve (voir le tarif à l'annexe I).

Les masses font ensuite recette :

Normalement, à la fin de chaque trimestre, d'allocations fixées par le décret du 7 décembre 1912 et rappelées dans l'annexe I.

Eventuellement, de certaines allocations qui seraient accordées par le Ministre, par exemple pour remboursement de pertes de matériel leur appartenant, subies dans les cas de force majeure définis dans le règlement sur la comptabilité-matières. Le matériel détruit dans les circonstances précédentes peut aussi, sur l'ordre du Ministre, être remplacé gratuitement en nature.

En outre :

En fin de trimestre, les masses particulières sont remboursées par la masse générale de toutes les dépenses faites à titre d'avances pour solder les créances qui sont imputables à celle-ci, c'est-à-dire une partie des dépenses de la 2e catégorie et la totalité de celles de la 3e catégorie (voir art. 9).

Droit aux allocations.

Art. 5. Le droit aux allocations ne s'exerce pas au profit individuel des personnes, mais au profit de leur collectivité. Il résulte de ce principe qu'en cas de modifications apportées au service d'assistance, de suppression ou de réorganisation d'établissements, l'avoir à la masse de ceux-ci serait, de droit, versé à la masse générale d'assistance, sauf la somme qui serait nécessaire pour accorder, en cas de suppression du service, des secours au personnel dans les conditions et limites fixées par l'article 12 ci-après.

Matériel.

Art. 6. Le matériel dont sont dotés actuellement les salles de consultation et les postes de secours, est livré gratuitement, à titre de première mise en matières, aux masses particulières qui le prennent en charge en écritures.

Le remplacement de ce matériel, son entretien et ses réparations, ainsi que l'achat de nouveaux objets, sont à la charge des masses.

Le matériel visé dans le présent article ne comprend pas les moyens de transport dont sont dotés les établissements pour l'évacuation des malades ou des blessés et qui donnent lieu à des dépenses dont la totalité est imputable aux crédits généraux des services intéressés.

Médicaments et objets de pansement en approvisionnement.

Art. 7. Chaque établissement est pourvu d'un approvisionnement de médicaments dans la limite de ce qu'il est nécessaire de posséder pour donner les premiers soins aux ouvriers victimes d'accidents ou à ceux qui sont frappés d'indispositions subites. La nomenclature de ces médicaments et objets est préparée par le médecin traitant et arrêtée par le directeur du service de santé du corps d'armée.

Il existe à la salle de consultation un approvisionnement suffisant d'objets de pansement.

Le Ministre fait connaître les établissements dans lesquels des distributions de médicaments peuvent être faites par les médecins traitants, lors de leur consultation; le directeur du service de santé arrête, sur la proposition du médecin de l'établissement, la composition des approvisionnements à constituer.

Les médicaments et objets de pansement existant dans les approvisionnements, au moment de la constitution de la masse, lui sont abandonnés à titre de première mise.

Les achats que nécessiteront, par la suite, leur remplacement, sont à la charge de la masse.

Création d'ateliers éloignés de l'établissement principal.

Art. 8. Lorsque par suite d'extension, un établissement sera doté d'ateliers nouveaux suffisamment éloignés des autres pour qu'il soit nécessaire d'établir à proximité une salle de consultation ou des postes de secours, la masse de l'établissement pourvoira à toutes les dépenses qu'entraînera le morcellement du service; mais, lors de la constitution de chaque groupe autonome, elle recevra, à titre de première mise, le matériel et l'ameublement nécessaires ou sa valeur en argent.

Dépenses des masses.

Art. 9. Les charges résultant de l'exécution du service sont divisées en trois catégories, savoir :

1re catégorie. — Charges imputées en totalité aux masses particulières.

Ces charges sont les suivantes :

Les honoraires des médecins traitants, des dentistes et des sages-femmes;

Les dépenses d'achat de médicaments et objets de pansement dans les établissements du service de santé militaire;

L'achat des appareils prothétiques;

Les dépenses d'achat, d'entretien et de remplacement du matériel médical et d'ameublement de la salle de consultation et des postes de secours;

Les secours aux femmes en couches et les primes d'allaitement;

Les secours au personnel accordés dans les conditions indiquées à l'article 12 ci-après;

Le versement à la masse générale des subventions qui lui sont dues (voir annexe I pour la fixation de ces subventions).

2e catégorie. — Charges imputées partie aux masses particulières, partie à la masse générale.

Ces charges sont celles qui se rapportent :

a) Aux achats de médicaments, eaux minérales, objets de pansement chez les pharmaciens titulaires de conventions;

b) A la fourniture des bains ordonnés à titre thérapeutique.

Restent imputées aux masses particulières les dépenses de cette nature, qui se rapportent aux soins donnés pendant les maladies d'une durée inférieure à quinze jours; et, pour les maladies d'une durée supérieure à quinze jours, aux soins afférents aux quinze premiers jours seulement. A partir du seizième jour, l'imputation définitive est faite à la masse générale.

Les dépenses de la 2e catégorie sont soldées directement et en totalité par l'établissement intéressé sur les disponibilités qu'il possède et elles figurent dans ses comptes de masse. La masse particulière est ensuite remboursée par la masse générale sur la production d'un relevé des dépenses faites, conforme au modèle n° 5, annexe II, joint à la présente instruction.

3e *catégorie*. — Charges imputables en totalité à la masse générale.

L'article 16 donne l'énumération de ces dépenses, qui sont engagées et payées à titre d'avance par les masses particulières qui en sont remboursées ensuite, comme on vient de le dire pour les dépenses de la 2e catégorie imputables à la masse générale.

Variations d'effectif.

Art. 10. C'est sur l'effectif figurant sur les contrôles le premier jour du trimestre que sont basées les allocations de ce trimestre; les mutations survenues pendant cette période ne donnent lieu ni à augmentation, ni à diminution.

Fonds de réserve.

Art. 11. Pour parer aux aléas résultant de variations possibles dans l'état sanitaire du personnel, il est constitué, dans chaque établissement, ou groupe d'établissements, un fonds de réserve qui, au moment de l'arrêté des comptes annuels, devra atteindre un minimum égal au huitième de l'ensemble des allocations faites pendant l'année à la masse particulière pour couvrir les dépenses de la 2e catégorie qui lui sont imputables (voir annexe I pour le calcul du fonds de réserve).

Le minimum exigé sera réalisé, dans le plus bref délai possible, tant au moyen de la première mise, qu'avec des économies à faire sur les allocations périodiques. Ce fonds devra être reconstitué rapidement lorsqu'il aura dû être entamé.

Le fonds de réserve ne peut être employé qu'à couvrir les dépenses d'assistance médicale et pharmaceutique, et jamais à allouer des secours en argent au personnel assisté.

Secours au personnel.

Art. 12. Lorsqu'en fin d'année, la balance des recettes et des dépenses des masses particulières fait ressortir un avoir supérieur au minimum fixé pour le fonds de réserve, l'excédent peut être, en tout ou partie, partagé à titre de secours entre les ouvriers nécessiteux qui auront eu à subir pendant l'année des maladies de longue durée et entre les familles des ouvriers ou ouvrières décédés dans l'année, qui seraient dans le besoin. Les intéressés adresseront leurs demandes de secours à la commission d'administration de la masse, qui est chargée de procéder à leur examen et de proposer la quotité des secours à accorder.

Seul, le personnel régi par le décret du 26 février 1897 peut participer à ces secours.

Etablissements à faible effectif.

Art. 13. Lorsque certains établissements ont des effectifs trop faibles pour justifier l'organisation d'une masse d'assistance, ils sont rattachés à un autre établissement plus important, situé dans la même ville ou dans la même région de corps d'armée. Cet établissement prend le nom d'établissement principal.

Le tableau C, annexe II, joint à l'instruction C, fait connaître les groupements adoptés.

Les établissements rattachés perçoivent eux-mêmes les allocations trimestrielles dues pour leur personnel et les versent immédiatement à l'établissement principal, qui les porte en recettes sur le compte de la masse du groupe.

Trimestriellement, l'établissement principal rembourse aux établissements rattachés, sur la production d'un bordereau récapitulatif (modèle 8, annexe II de la présente instruction), les dépenses faites par chacun d'eux au titre de la masse d'assistance.

L'établissement principal effectue, pour tous les établissements du groupe, les versements à la masse générale et reçoit d'elle les remboursements des dépenses des 2e et 3e catégories, qui lui sont imputables.

Personnel civil détaché.

Art. 14. Certains employés, ouvriers ou agents civils comptant à l'effectif d'un établissement, peuvent être détachés en des points du territoire éloignés du siège de cet établissement. Pour le service d'assistance, on les rattache, en principe, à un établissement doté d'une masse particulière, situé dans la région où ils opèrent.

Dans ce cas, l'établissement, à l'effectif duquel ils comptent, fait les perceptions auxquelles ils ont droit et il en verse immédiatement le montant à l'établissement chargé d'assurer l'assistance.

Si le rattachement de certains agents, dans les conditions prévues ci-dessus, présente des inconvénients particuliers, le cas est soumis au Ministre, qui décide dans quelles conditions sera assuré le service d'assistance. Pour chaque agent qui sera ainsi considéré comme isolé, les dépenses seront imputées, en totalité, à la masse générale, qui recevra de la masse particulière dont relève normalement l'intéressé, la totalité des allocations qui lui sont attribuées.

Les dépenses seront engagées et soldées directement par cette masse particulière, qui sera remboursée par la masse générale sur la production d'un relevé modèle n° 5 (annexe II).

SECTION B. — Masse générale.

Recettes de la masse.

Art. 15. La masse générale fait normalement recette, à la fin de chaque trimestre, des subventions qui lui sont versées par les masses particulières. Ces subventions sont calculées comme il est indiqué dans l'annexe I, paragraphe III.

En cas de modifications apportées au service d'assistance ou en cas de suppression d'établissement, elle ferait recette, ainsi qu'il est dit à l'article 5, de l'avoir disponible des masses intéressées.

Dépenses de la masse.

Art. 16. Les dépenses de la masse comprennent :

1° Celles qui appartiennent à la 2ᵉ catégorie et qui correspondent aux soins donnés aux malades et blessés à partir du seizième jour d'indisponibilité;

2° Les dépenses de la 3ᵉ catégorie en totalité, savoir :

a) Celles auxquelles donne lieu l'envoi des ouvriers aux eaux minérales, et qui comprennent : le transport aller et retour en 3ᵉ classe, le paiement des journées d'hospitalisation d'après les tarifs consentis au Département de la Guerre, et qui seront indiqués chaque fois dans l'autorisation ministérielle;

b) Les honoraires des médecins spécialistes;

c) Les honoraires des médecins et les créances des pharmaciens avec lesquels il n'existerait pas de convention, mais dont auraient fait choix des ouvriers blessés dans un accident du travail. On rappelle que, dans ce cas, les créances à admettre en liquidation doivent être égales, au plus, à celles fixées par le juge de paix du canton dans lequel l'accident s'est produit;

d) Les dépenses d'hospitalisation des blessés et des malades (article 18 de l'instruction C);

e) Les dépenses faites pour les ouvriers considérés comme isolés, traités dans les conditions du 3e alinéa de l'article 14 de la présente instruction.

Toutes les dépenses engagées dans les limites et conditions réglementaires et payées sur les crédits disponibles des masses particulières sont remboursées à celles-ci par la masse générale, sur la production de relevés modèle n° 5, annexe II.

TITRE III.

ADMINISTRATION DES MASSES D'ASSISTANCE.

SECTION A. — Masse générale.

Administration de cette masse.

Art. 17. La masse générale d'assistance est gérée par l'atelier de construction de Puteaux, le directeur de l'établissement et l'agent spécial intervenant, le premier comme ordonnateur secondaire, le second comme comptable.

SECTION B. — Masses particulières.

Administration des masses.

Art. 18. Chaque masse particulière d'assistance est gérée par une commission d'administration.

Composition des commissions d'administration.

Art. 19. Les commissions d'administration des masses sont composées de représentants de l'administration et de délégués du personnel; le nombre des membres titulaires de ces commissions est de trois (deux représentants de l'administration, un délégué du personnel), cinq (trois représentants de l'administration, deux délégués du personnel) ou sept (quatre représentants de l'administration, trois délégués du personnel), suivant les effectifs assistés. Ce nombre est indiqué pour chaque commission dans le tableau C, annexe II de l'instruction C.

Pour remplacer, le cas échéant, les membres empêchés, il est nommé, quand il est possible, un certain nombre de suppléants.

Pendant les séances de la commission, les délégués du personnel sont considérés comme étant présents au travail et, par suite, ils touchent des salaires calculés d'après la moyenne horaire du salaire qui leur sera acquis pour le travail accompli les jours mêmes où auront eu lieu les séances.

Désignation et nomination des membres des commissions.

Art. 20. La désignation des représentants de l'administration est faite par le chef d'établissement ou résulte d'indications portées dans le tableau C de l'annexe II de l'instruction C.

Les délégués du personnel sont nommés à l'élection par l'ensemble du personnel; ils sont choisis librement parmi les employés, agents de maîtrise, ouvriers et ouvrières.

Lorsque plusieurs établissements, situés dans une même ville, sont groupés pour l'exécution du service d'assistance, les représentants de l'administration sont désignés, après entente commune et au mieux des intérêts du service, par les chefs des établissements. L'élection des délégués est faite par l'ensemble du personnel civil du groupe.

Quand les établissements rattachés appartiennent à des villes différentes, la désignation des représentants de l'administration et le choix des délégués du personnel ne peuvent porter que sur des officiers ou fonctionnaires et sur des agents employés dans la ville où se trouve l'établissement principal.

A un premier tour de scrutin, nul ne sera déclaré élu, s'il n'a réuni la majorité des suffrages exprimés et un nombre de suffrages au moins égal au quart des électeurs inscrits. A un second tour de scrutin, auquel il est procédé immédiatement après la proclamation des résultats du premier tour, l'élection a lieu à la majorité des suffrages exprimés, quel qu'ait été le nombre des votants.

Durée des fonctions des membres des commissions.

Art. 21. La durée des fonctions des représentants de l'administration n'est pas limitée; elle prend fin en cas de mutation ou lorsque des raisons de service, dont le chef d'établissement est seul juge, l'exigent. Les fonctions des membres chargés de tenir les comptes des masses ne cessent que lorsque ceux-ci quittent l'établissement ou changent d'emploi.

Le mandat des délégués du personnel est valable pour trois années, à l'expiration desquelles il est procédé à une nouvelle élection; les membres sortants sont indéfiniment rééligibles.

Les délégués du personnel ne peuvent être révoqués de cette fonction que par le Ministre, sur la proposition du chef d'établissement, après avis donné, au préalable, par la commission d'administration de la masse, le délégué intéressé étant entendu dans sa défense.

Dans le cas où un délégué du personnel cesse d'appartenir à la commission, il est pourvu à son remplacement par voie d'élection; le mandat du nouvel élu expire en même temps que celui de la commission en fonctions.

Présidence des commissions.

Art. 22. La présidence des commissions est, en principe, attribuée à l'officier, ou fonctionnaire, chargé de la direction de l'établissement principal (commandant de parc, chef du génie, sous-intendant, médecin-chef, directeur de poudrerie, etc.).

Toutefois, dans les établissements constructeurs de l'artillerie, la présidence est exercée par le sous-directeur administratif.

Quand il le juge convenable, le directeur de l'établissement constructeur de l'artillerie assiste, avec voix délibérative, aux séances de la commission : il en prend alors la présidence. Il en est de même du directeur du génie, quand l'établissement principal relève du service du génie.

Désignation des secrétaires des commissions.

Art. 23. L'un des représentants de l'administration, et, de préférence, dans les grands établissements, le comptable en deniers est désigné par le chef d'établissement comme secrétaire.

Comptables des masses.

Art. 24. En principe, les comptes des masses sont tenus par les comptables en deniers des établissements.

Dans les établissements où le chef d'établissement est en même temps comptable en deniers, il fait tenir les comptes des masses dans ses bureaux, mais c'est lui qui les présente sous sa responsabilité à la commission.

Les comptables n'ont que voix consultative sur les questions concernant leur gestion.

Séances des commissions.

Art. 25. La commission se réunit normalement tous les trois mois pour arrêter les comptes du trimestre, sur la convocation du président.

En cas d'urgence, et si le chef d'établissement le juge opportun, le président peut la réunir extraordinairement.

Les convocations pour les séances doivent être adressées individuellement à chaque membre par le secrétaire, deux jours avant la réunion.

Les décisions des commissions sont prises à la majorité des voix; les ouvriers et employés opinent les premiers en commençant par le moins ancien de service; le président émet son avis le dernier.

En cas de partage des voix, l'avis du président est prépondérant dans tous les cas.

Délibérations.

Art. 26. La commission ne peut prendre de résolution qu'après délibération en séance régulière.

Pour qu'elle soit en nombre et sa délibération valable, il faut que le président et le comptable de la masse soient présents et que le personnel civil soit représenté au moins par un membre titulaire ou un suppléant.

Enfin, si les représentants de l'administration sont en minorité effective, la séance est remise.

Renouvellement des commissions.

Art. 27. La commission est renouvelée après chaque période triennale. Dès que la nouvelle commission est nommée l'officier ou fonctionnaire chargé de la direction de l'établissement ordonne une séance générale, dont il prend la présidence, et à laquelle assistent les membres de l'ancienne et de la nouvelle commission. L'ancienne commission arrête les comptes et fait remise du service à la nouvelle commission, qui entre en fonctions dès que les membres de l'ancienne commission, qui ne font pas partie de la nouvelle, se sont retirés.

Action des commissions.

Art. 28. La commission a pour devoir :

De veiller à la stricte observation des prescriptions des instructions ministérielles et, dans ce but, de proposer au chef d'établissement toutes les mesures propres à assurer la bonne exécution du service en sauvegardant tout à la fois les intérêts du personnel et ceux de la masse d'assistance;

D'exercer un contrôle des plus sévères sur les dépenses en vue d'éviter que des abus viennent à se produire;

D'arrêter, en fin de trimestre et en fin d'année, les comptes de la masse après vérification des pièces de recettes et de dépenses;

De préparer les bases générales du service et celles des conventions et marchés divers qu'il serait nécessaire de passer;

De faire des propositions au sujet du nombre de consultations à prévoir chaque semaine à l'établissement;

D'examiner les plaintes émanant du personnel ou des médecins, sages-femmes, pharmaciens et fournisseurs divers et d'en faire l'objet de rapports au chef d'établissement;

De faire, en fin d'année, des propositions au sujet de la quotité des secours à accorder aux ouvriers qui, satisfaisant aux conditions indiquées à l'article 12, auraient demandé par écrit à en recevoir.

Les commissions ne peuvent s'ingérer dans le maniement des fonds et elles n'ont pas qualité pour en constater l'existence.

Suites données aux délibérations des commissions.

Art. 29. Toutes les décisions de la commission sont transcrites par le secrétaire sur un registre à ce destiné, et signées, après lecture, par chacun des membres présents à la séance.

Pour avoir leur plein effet, ces décisions doivent recevoir l'approbation des autorités suivantes :

Dans les services de l'artillerie et des poudres et salpêtres, le directeur de l'établissement;

Dans le service du génie, le directeur du génie;

Dans les magasins administratifs de l'intendance ou du service de santé, les sous-intendants militaires ou les médecins chargés de la direction de ces établissements.

En cas de groupement de plusieurs établissements, appartenant à des services différents, la décision doit être soumise à l'approbation des autorités représentant les divers services.

L'effet de toute décision d'une commission qui n'aura pas été approuvée sera suspendu; un rapport sur l'incident sera immédiatement envoyé avec une copie de la décision, au Ministre (Direction du Contentieux, Bureau des Questions ouvrières), qui statuera.

Agents d'exécution.

Art. 30. Les personnes qui concourent à l'exécution du service : médecins, sages-femmes, dentistes, pharmaciens, propriétaires d'établissements de bains, etc., sont des agents d'exécution que les commissions pourront convoquer pour en obtenir tous renseignements utiles. Les conventions et marchés passés avec ces agents font mention de cette obligation.

Dépôts de fonds dans les caisses du Trésor.

Art. 31. Lorsque les fonds existant en caisse au titre d'une masse excèdent les besoins présumés du trimestre suivant, l'excédent est versé au Trésor à titre de dépôt; les sommes déposées peuvent être retirées en tout ou partie lorsque les besoins du service l'exigent.

Les dépôts et retraits de fonds ne peuvent avoir lieu que par sommes rondes de mille francs.

Les agents des finances n'encaissent les fonds appartenant aux masses particulières ou à la masse générale, et n'opèrent les remboursements que sur la remise, qui leur est faite par le comptable, d'une demande émanant de l'ordonnateur secondaire dont relève l'établissement qui gère la masse.

Les récépissés de dépôts sont conservés comme valeurs en caisse par les comptables des masses, ainsi que le livret des comptes courants avec le Trésor.

TITRE IV.

ÉCRITURES ET COMPTABILITÉ.

Objet des écritures et de la comptabilité.

Art. 32. Les écritures et la comptabilité ont pour objet :

a) De permettre de percevoir au Trésor les allocations auxquelles les masses ont droit;

b) D'établir les pièces nécessaires pour justifier, lors de la liquidation, de l'exactitude des perceptions faites.

Ces deux séries de documents constituent la comptabilité extérieure;

c) D'établir les comptes d'emploi des sommes perçues et les

pièces nécessaires pour réaliser les envois de fonds d'une masse à une autre;

d) De fournir un certain nombre de renseignements statistiques.

Ces deux dernières séries de documents forment la comptabilité d'ordre intérieur.

La comptabilité de la masse d'assistance est tenue et réglée par trimestre d'exercice.

SECTION A. — Perception des allocations.

Modes divers de perception.

Art. 33. La perception des allocations diverses de la masse générale et des masses particulières se fait de deux façons, savoir :

Celle des allocations qui sont directement imputables aux crédits ouverts aux divers services, au moyen d'états de paiement mandatés par les ordonnateurs secondaires intéressés;

Celles qui résultent de versements d'une masse à une autre par mandat sur le Trésor :

1° *Etats de paiement.* — Ces états (modèles 1 et 2, annexe II) font ressortir le détail des diverses allocations et sont mandatés par l'ordonnateur secondaire dont dépend l'établissement. L'état modèle n° 1, portant quittance, reste entre les mains du comptable du Trésor; l'état n° 2, portant déclaration de quittance, est renvoyé après perception à l'ordonnateur secondaire pour être mis au soutien de la revue trimestrielle de liquidation.

Une copie certifiée conforme par l'ordonnateur secondaire de l'état n° 2 est établie pour justifier de l'exactitude des recettes portées dans le compte d'emploi de la masse en minute, lequel est conservé à l'établissement avec toutes les pièces justificatives.

Les personnes qualifiées pour toucher les sommes mandatées et en donner acquit sont les comptables en deniers des établissements intéressés. Les comptables des établissements rattachés envoient aussitôt, par mandat sur le Trésor, le montant de leurs allocations au comptable de l'établissement principal, avec une copie de l'état de paiement faisant ressortir le détail des allocations perçues.

2° *Mandats sur le Trésor.* — L'ordonnateur secondaire établit les demandes d'émision de mandats, modèle n° 3, annexe II, sur le vu d'états modèle n° 4, annexe II, en deux expéditions établies par le comptable de la masse et faisant ressortir le détail des sommes à verser. Le comptable débiteur fait le versement, et reçoit le mandat sur le Trésor, ainsi qu'une déclaration d'émission de mandat si l'opération a été faite aux guichets d'une recette générale ou un certificat de versement si elle a eu lieu à une recette particulière. Les certificats de versement sont admis au soutien de la comptabilité, mais provisoirement seulement; ils doivent être remplacés aussitôt que possible par des déclarations d'émission de mandats émanant du trésorier-payeur général.

Le comptable débiteur envoie au comptable créancier le mandat accompagné des états visés ci-dessus, dont l'un, portant accusé de réception, lui est retourné.

La comptabilité intérieure des deux comptables est appuyée, savoir :

Celle du comptable qui envoie, par la déclaration d'émission de mandat et l'état de versement revêtu de l'accusé de réception du destinataire;

Celle du comptable destinataire, par l'autre expédition de cet état.

Toutes ces pièces restent à l'appui des comptes d'emploi en minutes, qui sont conservés par les établissements.

Quelle que soit l'origine des fonds à toucher au Trésor, les comptables doivent faire inscrire, par les agents des finances, sur le livret de solde dont ils sont détenteurs, toutes les sommes qu'ils reçoivent et les reporter ensuite sur le registre général des recettes et dépenses de l'établissement.

I. — *Masse générale.*

Subventions versées par les masses particulières.

Art. 34. Les subventions que les masses particulières doivent verser à la masse générale sont envoyées par mandats sur le Trésor. Les opérations indiquées à l'article 33 sont assurées par l'agent comptable de l'établissement intéressé et l'agent spécial de l'atelier de construction de Puteaux.

II. — *Masses particulières.*

Premières mises et allocations normales et diverses.

Art. 35. Les premières mises sont perçues par l'agent chargé des opérations comptables de la masse particulière de l'établissement ou du groupe d'établissements, et les allocations normales et diverses imputables directement aux crédits ouverts aux services sont perçues par l'agent comptable de l'établissement intéressé, au moyen d'états de paiement conformes à ceux indiqués à l'article 33, et auxquels est donnée la destination indiquée audit article.

Remboursements par la masse générale.

Art. 36. Ces sommes sont perçues au moyen de mandats sur le Trésor établis, sur la demande du directeur de l'atelier de construction de Puteaux, ordonnateur secondaire, d'après les règles générales posées à l'article 33. Les relevés trimestriels des dépenses remboursables sont établis par les comptables des masses particulières conformément au modèle n° 5 de l'annexe II.

SECTION B. — Liquidation des dépenses.

Revues trimestrielles de liquidation. — Etats d'effectif.

Art. 37. La liquidation des dépenses est confiée à l'autorité qui a procédé au mandatement des titres de perception. Cette autorité établit, en se conformant au modèle 6 de l'annexe II, des revues trimestrielles de liquidation, qui sont appuyées d'états d'effectif et qui font ressortir, d'une part, les droits constatés, de l'autre, le montant total des perceptions faites; enfin, un décompte de libération, d'où résulte l'égalité des deux termes, un trop ou un moins-perçu. Les trop-perçus sont immédiatement reversés au Trésor, les moins-perçus donnent naissance à l'émission d'un mandat de paiement spécial, de façon que les comptes d'ordre extérieur se régularisent exactement trimestre par trimestre.

Les opérations de recettes et dépenses d'ordre intérieur ne donnent pas lieu à liquidation; elles sont justifiées dans les comptes d'emploi appuyés des pièces justificatives nécessaires.

SECTION C. — Comptes d'emploi.

1° *Masses particulières.*

Ecritures.

Art. 38. Les écritures relatives aux masses particulières d'assistance comprennent, outre la tenue des bordereaux trimestriels et des comptes d'emploi trimestriels et annuels modèles n°s 8,

9 ou 9 *bis*, annexe II, l'inscription des recettes et dépenses sur le registre des recettes et dépenses de l'établissement;

L'établissement des états des subventions dues à la masse générale ou à d'autres masses particulières;

L'établissement des relevés trimestriels modèle n° 5 des dépenses des 2e et 3e catégories, qui sont imputables à la masse générale et qui doivent donner lieu à remboursement;

Les états demandes de mandats sur le Trésor visés à l'article 33;

L'inventaire estimatif du matériel en compte à la masse particulière, modèle 11, annexe II.

Comptes d'emploi.

Art. 39. *a*) Dans le cas d'un groupe d'établissements, chaque établissement, principal ou rattaché, établit un bordereau récapitulatif des dépenses faites pendant le trimestre au titre de la masse d'assistance (modèle 8 de l'annexe II).

Ce bordereau est ouvert au commencement de chaque trimestre et tenu au jour le jour. En fin de trimestre, l'établissement rattaché en fait une copie certifiée conforme et l'adresse à l'établissement principal en même temps que le bordereau original accompagné des pièces justificatives. L'établissement principal renvoie cette copie à l'établissement rattaché, après l'avoir rectifiée et complétée, s'il y a lieu (en particulier à la fin du 4e trimestre par l'inscription des secours concédés au personnel), et revêtue de son visa daté.

A l'aide de ces bordereaux récapitulatifs, l'établissement principal tient un compte d'emploi trimestriel de la masse particulière du groupe (modèle 9 de l'annexe II).

A la fin du 4e trimestre, chaque établissement dresse un inventaire estimatif des matières, effets et objets au compte de la masse d'assistance. L'établissement principal récapitule ces inventaires pour dresser l'inventaire estimatif du matériel du groupe (modèle 11 de l'annexe II).

En fin d'exercice, l'établissement principal établit le compte annuel de la masse d'assistance du groupe (modèle 9 *bis* de l'annexe II);

b) Quand il s'agit d'un établissement ayant un effectif assez important pour être doté d'une masse d'assistance, les bordereaux récapitulatifs trimestriels des dépenses ne sont pas établis Sur le compte d'emploi trimestriel, les recettes et les dépenses sont inscrites en détail;

c) Le compte annuel et les comptes trimestriels, accompagnés des pièces justificatives des recettes et des dépenses, sont adressés, au plus tard le 1er avril, à la direction de l'administration centrale dont dépend l'établissement principal.

Après vérification et rectification, ces documents sont renvoyés à l'établissement principal, qui adresse au Ministre (Direction du Contentieux, 4e Bureau) une copie conforme du compte annuel.

2° *Masse générale.*

Ecritures et comptes.

Art. 40. Les écritures de la masse générale sont analogues à celles des masses particulières. Le compte annuel de la masse générale (modèle 10 de l'annexe II), accompagné des pièces justificatives, est adressé le 1er avril, au plus tard, à l'administration centrale (3e Direction, 2e Bureau). Après vérification et rectification, ces documents sont renvoyés à l'atelier de construction de Puteaux, qui adresse au Ministre (Direction du Contentieux, 4e Bureau), une copie conforme du compte annuel.

Le 1er juillet, la direction du Contentieux adresse au Ministre un rapport faisant connaître les résultats économiques de l'exercice précédent.

SECTION D. — Renseignements statistiques.

Art. 41. Ces renseignements sont fournis en même temps que les comptes d'emploi par les divers établissements; ils sont établis d'après les modèles A à E de l'annexe III, et conformément aux dispositions des instructions de détail portées en tête des modèles de chacun des tableaux à fournir.

Le Ministre de la guerre,

Eug. Etienne

ANNEXE I.

Tarifs des allocations. — Subvention à la masse générale. Fonds de réserve. — Tables de morbidité et leur usage.

I. — *Allocations trimestrielles aux masses particulières.*

Ces allocations sont de deux natures différentes : les premières sont normales et périodiques, les secondes sont exceptionnelles.

A. — *Allocations normales et périodiques.* — Elles comprennent deux catégories :

a) Les premières sont proportionnelles aux effectifs qui figurent sur les contrôles de l'établissement le premier jour du trimestre auquel elles se rapportent; elles varient suivant la situation de l'établissement, suivant qu'il s'agit d'ouvriers ou d'ouvrières, enfin suivant que le service est assuré par des médecins civils ou militaires.

Un supplément de 0 fr. 50 par trimestre est alloué dans les places de Billancourt, Meudon, Mont-Valérien, Paris, Puteaux, Sevran-Livry, Saint-Denis, Vanves et Vincennes, pour tenir compte du supplément de dépenses médicales constaté dans ces villes ou places.

Les tarifs à appliquer sont ceux du décret du 7 décembre 1912, savoir :

ÉTABLISSEMENTS dans lesquels le service est assuré PAR DES MÉDECINS.	PLACES DÉNOMMÉES CI-DESSUS.		AUTRES PLACES.	
	HOMMES.	FEMMES.	HOMMES.	FEMMES.
Civils...	2 10	2 80	1 60	2 30
Militaires................	0 35	1 »	0 30	1 »

b) Les secondes sont proportionnelles au total des nombres de journées de maladie allouées à l'établissement pour chaque ouvrier et ouvrière figurant sur les contrôles le premier jour du trimestre auquel les allocations se rapportent. Les taux de morbidité, c'est-à-dire les nombres de journées allouées par tête et par année, varient avec l'âge et le sexe de l'intéressé; ils sont donnés dans une table figurant dans la présente annexe.

Seront considérées pendant toute l'année, comme ayant un âge déterminé, les personnes ayant atteint cet âge pendant l'année précédente.

Les calculs des nombres de journées seront notablement simplifiés en utilisant le procédé indiqué au paragraphe VI ci-après.

Comme la table de morbidité fait connaître les taux de morbidité applicables à une année entière, après avoir calculé le nombre annuel des journées correspondant aux effectifs, on divisera le nombre obtenu par quatre, puisque les allocations à calculer ne se rapportent qu'à un trimestre.

L'allocation en argent est fixée pour chaque journée de maladie, uniformément à 0 fr. 65.

Résumé :

Si, pour un établissement déterminé, on désigne par :

E l'effectif des ouvriers figurant sur les contrôles le premier jour du trimestre;

e l'effectif des ouvrières figurant sur les contrôles le premier jour du trimestre;

N le nombre de journées allouées pour le trimestre,

l'allocation normale trimestrielle totale sera, suivant le cas, représentée par l'une des expressions suivantes :

Places touchant un supplément de 0 fr. 50 par trimestre.	Médecins civils : $E \times 2{,}10 + e \times 2{,}80 + N \times 0{,}65$.
	Médecins militaires : $E \times 0{,}30 + e \times 1{,}00 + N \times 0{,}65$.
Autres places.	Médecins civils : $E \times 1{,}60 + e \times 2{,}30 + N \times 0{,}65$.
	Médecins militaires : $E \times 0{,}30 + e \times 1{,}00 + N \times 0{,}65$.

B. — *Allocations exceptionnelles.* — Ce sont celles qui sont accordées sur décision spéciale du Ministre, par exemple, en cas de destruction du matériel médical et d'ameublement de la salle de consultation par cas de force majeure, ou en cas de création de nouveaux postes de secours, etc. Chaque décision fait conconnaître le montant de l'allocation qu'on fait figurer sur l'état modèle n° 1, annexe II.

II. — *Premières mises des masses particulières.*

Au moment de la mise en vigueur du règlement sur le service des masses d'assistance, il est alloué à chacune des masses particulières une première mise. Celle-ci est égale à la moitié des allocations partielles du premier trimestre qui sont destinées à couvrir celles des dépenses de la 2e catégorie, qui restent imputables à la masse particulière.

La subvention faite à la masse générale pour couvrir les dépenses de la 2e catégorie qui lui sont imputables étant de 0 fr. 25 (comme on le verra plus loin), il reste 0 fr. 40 à la masse particulière pour faire face aux dépenses à faire par journée de maladie, et qui lui restent imputables. Par suite, si N représente le nombre total de journées allouées pour le premier trimestre, $1/2\ N \times 0{,}40 = N \times 0{,}20$ représentera la valeur de la première mise.

III. — *Subventions à la masse générale.*

Ces subventions sont versées à terme échu; elles comprennent :

1° Une subvention proportionnelle à l'effectif qui figure sur les contrôles le premier jour du trimestre, laquelle est destinée à couvrir les dépenses de la 3e catégorie; le taux en est de 0 fr. 10 par tête, quel que soit le sexe;

2° Une subvention proportionnelle au nombre de journées allouées, laquelle couvrira les dépenses de la 2e catégorie imputables à cette masse. Le rapport moyen du nombre des journées de maladie postérieures au quinzième jour au nombre total des journées étant égal à 0,397, la subvention ressort à : $N \times 0{,}397 \times 0{,}65 = N \times 0{,}258$, ou, en nombres ronds, $N \times 0{,}25$;

3° La totalité des allocations perçues pour les ouvriers détachés et traités dans les conditions prévues au troisième alinéa de l'article 14 de l'instruction C_1, soit A ces allocations.

Résumé :

Si, pour un établissement déterminé, on désigne par

N le nombre de journées de maladie allouées pendant le trimestre,

E l'effectif total de base (ouvriers et ouvrières),

A, l'allocation pour les détachés,

la subvention trimestrielle totale à verser à la masse générale est : $S = E \times 0{,}10 + N \times 0{,}25 + A$.

IV. — *Remboursements à faire par la masse générale aux masses particulières.*

Toutes les dépenses sont directement payées par les masses particulières, qui sont remboursées par la masse générale d'une partie de celles de la 2e catégorie et de la totalité de celles de la 3e catégorie.

1° *Dépenses de la seconde catégorie.*

N étant le nombre total de journées de maladie *constatées* pendant le trimestre qui vient d'expirer,

D la dépense réelle totale faite pendant la même période, pour achat de médicaments et fourniture de bains,

m le nombre de maladies d'une durée supérieure à quinze jours,

n le nombre total de journées correspondant à ces maladies,

$(D : N) \times m \times 15$ est la part des dépenses des maladies de longue durée, qui reste imputable à la masse particulière, et $(D : N)$ $(n - m \times 15)$ est la part à imputer à la masse générale et à faire figurer, à fins de remboursement, sur le relevé trimestriel modèle n° 5, annexe II.

2° *Dépenses de la troisième catégorie.*

Ce sont celles qui se rapportent aux rubriques suivantes :

Envoi du personnel aux eaux minérales,

Honoraires des médecins spécialistes,

Honoraires des médecins et créances des pharmaciens autres que ceux avec lesquels il est passé des conventions et spécialement choisis par des victimes d'accidents du travail,

Dépenses d'hospitalisation des victimes d'accidents du travail,

Dépenses faites pour le personnel détaché (paragraphe 3 de l'article 14 de l'instruction C_1.

L'établissement inscrit ces dépenses à la suite des précédentes sur le relevé modèle n° 5.

V. — *Fonds de réserve des masses particulières.*

Le fonds de réserve est fixé, au minimum, au huitième de l'allocation faite pendant l'année, pour couvrir les dépenses de la 2e catégorie qui restent imputables à la masse particulière. L'allocation faite pour cet objet étant par journée de maladie de 0 fr. 40, le fonds de réserve devra être, au minimum, de $N \times 0,05$, N étant le nombre total des journées allouées pendant l'année.

VI. — *Note au sujet d'un procédé expéditif pour calculer les nombres de journées à allouer.*

Les taux de morbidité indiqués dans les tables ci-après étant, par périodes de 10 ou 5 ans, en progressions arithmétiques de raisons connues, on évitera de faire les multiplications des effectifs de chaque âge par les taux correspondants qui renferment deux décimales, en opérant comme il suit :

Prenons comme exemple la période de 20 à 24 ans inclus pour les ouvrières; les âges, taux, raison et effectifs supposés sont indiqués dans le tableau suivant, ainsi que les calculs tels qu'ils se présentent naturellement :

AGES.	TAUX.	RAISONS.	EFFECTIFS.	CALCULS ÉLÉMENTAIRES.
20	11,39		39	$+39 \times 11{,}39$
21	14,23		65	$+65\ (11{,}39 + 2{,}84)$
22	17,07	+ 2,84	59	$+59\ (11{,}39 + 2 \times 2{,}84)$
23	19,91		70	$+70\ (11{,}39 + 3 \times 2{,}84)$
24	22,75		78	$+78\ (11{,}39 + 4 \times 2{,}84)$
	TOTAL		311	

Les produits partiels peuvent se grouper comme il suit :

$11{,}39\ (39 + 65 + 59 + 70 + 78)$

$+ 2{,}84\ (39 \times 0 + 65 \times 1 + 59 \times 2 + 70 \times 3 + 78 \times 4).$

A la multiplication des effectifs par des nombres fractionnaires à deux décimales, on a substitué celle des effectifs par les nombres entiers les plus simples et les calculs se font avec la plus grande facilité en les disposant comme il suit, et comme on l'a fait dans le modèle n° 6 des revues de liquidation.

AGES. (1)	TAUX. (2)	RAISONS. (3)	EFFECTIFS. (4)	MULTIPLICATEURS. (5)	PRODUITS. (6) = (4) × (5)	CALCULS. (7)
20	11,39		39	0	0	$311 \times 11{,}39 = 3.542$
21	14,23		65	1	65	$705 \times 2{,}84 = 2.002$
22	17 07	+2.84	59	2	118	
23	19,91		70	3	210	5.544
24	22,75		78	4	312	
	TOTAUX		311		705	

VII. — *Table de morbidité provisoire.*

HOMMES.

AGES.	TAUX	RAISONS.	AGES.	TAUX	RAISONS.	AGES.	TAUX	RAISONS.	AGES.	TAUX	RAISONS.
13	4,80		27	7,12		41	9,01		55	12,09	
14	5,00		28	7,16		42	9,24	+0,23	56	12,78	
15	5,20		29	7,20		43	9,47		57	13,47	
16	5,40		30	7,24	+0,04	44	9,70		58	14.16	
17	5.60		31	7,28		45	9,87		59	14,85	+0,69
18	5,80	+0,20	32	7,32		46	10,04		60	15,54	
19	6,00		33	7,36		47	10.21		61	16,23	
20	6,20		34	7,40		48	10,38		62	16,92	
21	6,40		35	7,63		49	10,55	+0,17	63	17.61	
22	6,60		36	7,86		50	10,72		64	18.30	
23	6,80		37	8.09		51	10,89		65	18.99	
24	7,00		38	8,32	+0.23	52	11,06				
25	7 04	+0,04	39	8.55		53	11.23				
26	7,08		40	8,78		54	11,40				

FEMMES.

AGES.	TAUX	RAISONS.	AGES.	TAUX	RAISONS.	AGES.	TAUX	RAISONS.	AGES.	TAUX	RAISONS.
15	3,00		29	19,95	—0,56	43	15,61	—0,86	57	15,57	
16	3.00		30	20,31		44	14.75		58	15,41	— 0,16
17	4,85		31	20,67		45	15,46		59	15,25	
18	6,70	+1,85	32	21,03	+0,36	46	16.17		60	16,52	
19	8,55		33	21,39		47	16,88	+0,71	61	17,79	
20	11,39		34	21,75		48	17,59		62	19,06	+1,27
21	14.23		35	21.21		49	18,30		63	20,33	
22	17,07	+2,84	36	20,67		50	17,85		64	21,60	
23	19,91		37	20,13	— 0,54	51	17,40		65	22.87	
24	22,75		38	19,59		52	16,95	—0.45			
25	22.19		39	19,05		53	16.50				
26	21,63	— 0,56	40	18,19		54	16,05				
27	21,07		41	17,33	—0.86	55	15,89	—0.16			
28	20,51		42	16,47		56	15.73				

ANNEXE II.

Documents de Comptabilité.

NUMÉROS des MODÈLES.	TITRE DES DIVERS MODÈLES.
1	Etat des droits de l'établissement aux allocations (quittance).
2	Etat semblable (déclaration de quittance).
3	Demande de mandat sur le Trésor.
4	Etat des subventions à verser à la masse générale.
5	Relevé des dépenses des 2e et 3e catégories imputables à la masse générale.
6	Revue trimestrielle de liquidation (masses particulières).
7	Etat de l'effectif par âge.
8	Bordereau trimestriel récapitulatif des dépenses d'assistance (établissement principal ou rattaché).
9	Compte trimestriel de la masse particulière d'assistance (établissement principal).
9 *bis*	Compte annuel de la masse particulière d'assistance (établissement principal).
10	Compte annuel de la masse générale.
11	Inventaire estimatif des matières, effets et objets au compte de la masse particulière.

ᵉ CORPS D'ARMÉE ou GOUVERNEMENT MILITAIRE de — PLACE DE — *Masses d'Assistance* — ᵉ TRIMESTRE 191 . — QUITTANCE	EXERCICE 191 . — 1re SECTION. (Troupes métropolitaines.) — CHAP. ART. — MASSE D'ASSISTANCE EN CAS DE MALADIE. — DÉSIGNATION DE L'ÉTABLISSEMENT. —	MODÈLE N° 1. — ANNEXE II. — Art. 33 de l'instruction Cl sur l'administration et le fonctionnement des masses. — *Format* 42/25. — Papier blanc.

ÉTAT présentant les droits de l'établissement pour le ᵉ trimestre 191 , *aux allocations de la masse d'assistance en cas de maladie.*

Service assuré par les médecins (*civils* ou militaires).

Bases des droits aux allocations.

RUBRIQUES.	HOMMES	FEMMES	TARIFS DES ALLOCATIONS. HOMMES.	FEMMES.	JOURNÉES.
Effectifs	533	130	1 60	2 30	»
Nombre de journées allouées	909	603	»	»	0 65

DÉCOMPTE :	NOMBRES.	TARIFS.	DÉCOMPTE.
1° Allocations proportionnelles aux effectifs — hommes	533	1 60	852 80
— femmes	130	2 30	299 »
2° Allocations proportionnelles au nombre de journées	1.512	0.65	982 80
A ajouter : Les diverses allocations faites sur décision spéciale du Ministre :			
TOTAL du décompte			2.134 60

Certifié par nous Comptable, le présent état montant à la somme de , pour allocations diverses à la masse particulière en cas de maladie.

A , le 191 .

L comptable.

Crédits cumulés	
Dernier crédit. N° / Date	Vu et vérifié par nous (1)
N° au registre des mandats	employé à , le présent état s'élevant à la somme de laquelle nous mandons à M de payer à pour les causes ci-dessus énoncées.

A , le 191 .

L' (1) *ordonnateur secondaire.*

Pour acquit de la somme de portée sur le présent mandat.

A , le 191 .

L' *comptable.*

X.

(1) Désignation de l'ordonnateur secondaire.

e CORPS D'ARMÉE
ou
GOUVERNEMENT MILITAIRE
de

PLACE DE

Allocation de la Masse d'assistance.

e TRIMESTRE 191 .

DÉCLARATION DE QUITTANCE.

EXERCICE 191 .

1re SECTION.
(Troupes métropolitaines.)

CHAP. ART.

MASSE D'ASSISTANCE EN CAS DE MALADIE.

DÉSIGNATION DE L'ÉTABLISSEMENT.

MODÈLE No 2.

ANNEXE II.

Art. 33 de l'instruction Ct sur l'administration et le fonctionnement des masses d'assistance.

Format 42/25

Papier bleu.

ÉTAT présentant les droits de l'établissement pour le e trimestre 191 , aux allocations de la masse d'assistance en cas de maladie.

NOTA : Cet état est en tous points identique à l'état modèle no 1 : toutefois, il porte en manchette, en haut et à gauche de la 1re page, la mention « Déclaration de Quittance », au lieu de celle de « Quittance » ; et il est établi sur papier bleu au lieu de l'être sur papier blanc.

Une copie certifiée conforme par l'ordonnateur secondaire de l'état no 2 est établie pour justifier de l'exactitude des recettes portées dans le compte d'emploi en minute de la masse, lequel est conservé à l'établissement avec toutes les autres pièces justificatives.

CORPS D'ARMÉE *ou* GOUVERNEMENT MILITAIRE de PLACE DE	EXERCICE 191 . TROUPES MÉTROPOLITAINES DÉSIGNATION DE L'ÉTABLISSEMENT. SERVICE D'ASSISTANCE EN CAS DE MALADIE.	MODÈLE N° 3. ANNEXE II. Art. 33 de l'instruction Ci sur l'administration et le fonctionnement des masses d'assistance.

Demande de mandat sur le Trésor.

SERVICE DÉBITEUR.	SERVICE CRÉANCIER.	OBJET DU MANDAT.	MONTANT.	OBSERVATIONS.
Masse particulière d'assistance.	Masse générale d'assistance.	Subventions trimestrielles.		
	ou :			
Masse générale d'assistance.	Masse particulière d'assistance.	Remboursement des dépenses avancées pour le compte de la masse générale.		

Certifié la présente demande comprenant mandats s'élevant à la somme totale de

A , le 191 .

L' comptable,

Vu :

Le (1)

A Monsieur le (2)

(1) Désignation de l'ordonnateur.
(2) Trésorier-payeur général ou receveur des finances de

• CORPS D'ARMÉE ou GOUVERNEMENT MILITAIRE de ——. PLACE DE —— • TRIMESTRE 191 .	EXERCICE 191 . — 1re SECTION. (Troupes métropolitaines.) — SERVICE D'ASSISTANCE EN CAS DE MALADIE.	MODÈLE N° 4. — ANNEXE II. — Art. 33 de l'instruction Cl sur l'administration et le fonctionnement des masses d'assistance. — Format 42/25.

ÉTAT des subventions dues par la masse particulière de (désignation de l'établissement) à la masse générale d'assistance en cas de maladie.

BASES DU DÉCOMPTE.		TARIFS	DÉCOMPTES.	OBSERVATIONS.	
Effectif au 1er 191 . { hommes....	533			(1) Détail. { 1 ouvrier de 25 ans. 1 employé de 30 ans.	
femmes....	130				
TOTAL.....	663	0 10	66 30		
Nombre de journées de maladie allouées pendant le trimestre......	1.512	0 25	378 00	2 × 1,60 =	3 20
				+ 3,57 × 0,65 =	2 30
				TOTAL.....	5 50
Allocations totales perçues pour (2) ouvriers détachés dans les conditions du 3e alinéa de l'article 14..................			5 50(1)		
TOTAL.........			449 80		

Certifié le présent état s'élevant à la somme de quatre cent quarante-neuf francs, quatre-vingts centimes, qui fait l'objet d'une demande de mandat sur le Trésor.

VU ET VÉRIFIÉ : A , le 191 .
L'Ordonnateur secondaire, *L' comptable,*

Fait envoi du mandat sur le Trésor n° du s'élevant à la somme indiquée ci-dessus
A , le 191 .
L' comptable,

Reçu le montant du mandat sur le Trésor n° du s'élevant à la somme de quatre cent quarante-neuf francs, quatre-vingts centimes.

VU : PUTEAUX, le A PUTEAUX, le 191
Le Directeur, *L' comptable,*

CORPS D'ARMÉE ou GOUVERNEMENT MILITAIRE de PLACE DE ° TRIMESTRE 191 .	EXERCICE 191 . 1re SECTION. (Troupes métropolitaines.) SERVICE D'ASSISTANCE EN CAS DE MALADIE.	MODÈLE N° 5. ANNEXE II. Art. 33 de l'instruction C[i] sur l'administration et le fonctionnement des masses d'assistance.

Format 42/25.

RELEVÉ des dépenses des 2e et 3e catégories faites pendant le trimestre et imputables à la masse générale d'assistance.

		DÉCOMPTES.
1° *Dépenses de la 2e catégorie.*		
Nombre de maladies ayant duré plus de 15 jours.......	10	»
Nombre total de journées correspondant à ces (10) maladies..	250	»
Nombre de journées imputables à la masse générale : 250 — 10 × 15 = ...	100	»
Nombre total de journées de maladie constatées pendant le trimestre..	1.450	»
Dépenses réellement faites { Médicaments.............. 806 00 / Bains thérapeutiques.......... 35 00 }	841 00	»
Dépense moyenne par jour : 841 00 : 1.450 = ...	0 58	»
Somme à rembourser par la masse générale : 100 × 0 58 = ...	»	58 00
2° *Dépenses de la 3e catégorie faites pendant le trimestre.*		
(*a*) Envoi de l'ouvrier X. à Luchon :		
Voyage aller et retour en 3e classe..	46 50	146 50
Hospitalisation : 25 × 4 00 = ...	100 00	
(*b*) Honoraires des médecins spécialistes (Décision ministérielle du)..........................	»	48 00
(*c*) Médecins et pharmaciens choisis par l'ouvrier Y. victime d'un accident..............................	»	98 65
(*d*) Hospitalisation à l'hôpital civil d :		
29 journées pour l'ouvrier Y.		
15 journées pour l'ouvrier Z, qui a dû subir une opération chirurgicale		
total 44 journées à 4 fr. 50..............................	»	198 00
(*e*) Dépenses faites pour l'ouvrier K. détaché et traité dans les conditions prévues au 3e alinéa de l'art. 14.	»	12 60
TOTAL GÉNÉRAL..............	»	561 75

(1) Comptable de la masse particulière.

(2) Numéro du registre-journal de la masse générale.

Certifié le présent état s'élevant à la somme de cinq cent soixante et un francs soixante-quinze centimes.

A , le 191 .

L' comptable (1),

Vu et vérifié le 191 .

L'Ordonnateur secondaire,

Fait envoi du mandat sur le Trésor n° (2) du s'élevant à la somme précitée.

A Puteaux, le 191 .

L' comptable.

Reçu le montant du mandat sur le Trésor n° (2) du s'élevant à la somme de cinq cent soixante et un francs, soixante-quinze centimes, montant du présent état.

A , le 191 .

L' comptable,

• CORPS D'ARMÉE
ou
GOUVERNEMENT MILITAIRE
de
—
(3e) Trimestre 191 .
PLACE D

EXERCICE 191
—
1re Section. -- Troupes Métropolitaines.
—
CHAP. . — ART.

MODÈLE N° 6. — ANNEXE II.
—
Art. 37 de l'instruction C1 sur l'administration et le fonctionnement des masses d'assistance.

Format : 42/25.

MASSE PARTICULIÈRE D'ASSISTANCE
EN CAS DE MALADIE.

DÉSIGNATION DE L'ÉTABLISSEMENT.

REVUE TRIMESTRIELLE DE LIQUIDATION

pour servir au décompte des allocations de la masse particulière d'assistance pendant le (3e) *Trimestre* 191 .

REVUE TRIMESTRIELLE DE LIQUIDATION pour servir au décompte des allocations de la masse particulière d'assistance pendant le (3e) trimestre 1911.

TABLEAU N° 1.

CRÉDITS.

Le service médical est assuré par des médecins	civils / militaires.	Rayer celle de ces deux désignations qui n'est pas applicable.

Calcul des allocations.
Calcul des effectifs et des nombres de journées de maladie à allouer

I. — *Hommes.*

AGES. (1)	TAUX de MORBIDITÉ. (2)	RAISONS. (3)	EFFECTIFS au 1er ...... (4)	MULTIPLICATEURS. (5)	PRODUITS. 6=(4)×(5)	CALCULS. (7)	NOMBRE de journées de maladie allouées. (8)
13	4 80		»	0	»		
14	5 »		2	1	2		
15	5 20		1	2	2		
16	5 40		3	3	9		
17	5 60		1	4	4	59×4 80=283,2	
18	5 80	+ 0 20	»	5	»	+499×0 20= 99,8	383,0
19	6 »		»	6	»		
20	6 20		10	7	70		
21	6 40		8	8	64		
22	6 60		7	9	63		
23	6 80		12	10	120		
24	7 »		15	11	165		
TOTAUX......			59		499		
25	7 04		11	0	»		
26	7 08		10	1	10		
27	7 12		7	2	14		
28	7 16		10	3	30		
29	7 20		13	4	52		
30	7 24	+ 0 04	12	5	60	133×7 04=936,3	
31	7 28		15	6	90	+678×0 04= 27,1	963 .4
32	7 32		14	7	98		
33	7 36		18	8	144		
34	7 40		20	9	180		
TOTAUX......			133		678		
						A reporter..........	1346,1

AGES. (1)	TAUX de MORBIDITÉ. (2)	RAISONS. (3)	EFFECTIFS au 1er........ (4)	MULTIPLICATEURS. (5)	PRODUITS. (6)	CALCULS. (7)	NOMBRE de journées de maladie allouées. (8)
						Report............	1.346,1
35	7 63		15	0	0		
	7 86		16	1	16		
37	8 09		14	2	28		
38	8 32		12	3	36		
39	8 55		10	4	40		
40	8 78	+ 0 23	9	5	45	123×7 63=938,5 +524×0 23=120,5	1.059,0
41	9 01		8	6	48		
42	9 24		14	7	98		
43	9 47		12	8	96		
44	9 70		13	9	117		
TOTAUX......			123		524		
45	9 87		14	0	0		
46	10 04		15	1	15		
47	10 21		17	2	34		
48	10 38		19	3	57		
49	10 55		18	4	72	150×9 87=148,0 +630×0 17=106,1	254,1
50	10 72	+ 0 17	17	5	85		
51	10 89		15	6	90		
52	11 06		13	7	91		
53	11 23		12	8	96		
54	11 40		10	9	90		
TOTAUX......			150		630		
55	12 09		12	0	0		
56	12 78		10	1	10		
57	13 47		9	2	18		
58	14 16		9	3	27		
59	14 85		8	4	32		
60	15 54	+ 0 69	6	5	30	68×12 09 = 822,1 +224× 0 69 = 154,5	976,6
61	16 23		4	6	24		
62	16 92		3	7	21		
63	17 61		3	8	24		
64	18 30		2	9	18		
65	18 99		2	10	20		
TOTAUX......			68		224		3.636,1
EFFECTIF TOTAL...			533	NOMBRE DE JOURNÉES de maladie allouées (1/4 de 3.636,1)..........			900,0

II. — *Femmes.*

AGES. (1)	TAUX de MORBIDITÉ. (2)	RAISONS. (3)	EFFECTIFS au 1er .... (4)	MULTIPLICATEURS. (5)	PRODUITS. (6)	CALCULS. (7)	NOMBRE de journées de maladie allouées. (8)
14	3 »	0	»	»	»		»
15	3 »	0	»	»	»		»
16	3 »		1	0	0		
17	4 85	+ 1 85	»	1	»	4×3,00= 12,00	26,8
18	6 70		1	2	2	+8×1,85=+14,80	
19	8 55		2	3	6		
	Totaux......		4		8		
20	11 39		3	0	0		
21	14 23		4	1	4		
22	17 07	+ 2 84	5	2	10	15×11,39 = 170,8	238,9
23	19 91		2	3	6	+24× 2,84 =+ 68,1	
24	22 75		1	4	4		
	Totaux......		15		24		
25	22 19		6	0	0		
26	21 63		9	1	9		
27	21 07	— 0 56	10	2	20	54×22,19=1.198,3	1.129,5
28	20 51		12	3	36	−123×0,56= —68,8	
29	19 95		17	4	58		
	Totaux......		54		123		
30	20 31	+ 0 36	»	0	0		
31	20 67		2	1	2	6×20,31=121,9	125,9
32	21 03		3	2	6	+11×0,36=+4,0	
33	21 39		1	3	3		
34	21 75		»	4	0		
	Totaux......		6		11		
35	21 21		4	0	0		
36	20 67		2	1	2		
37	20 13	— 0 54	»	2	0	7×21,21=148,5	145,3
38	19 59		»	3	0	— 6× 0,54=—3,2	
39	19 05		1	4	4		
	Totaux......		7		6		
						A reporter	1.666,4

AGES. (1)	TAUX de MORBIDITÉ. (2)	RAISONS. (3)	EFFECTIFS au 1er........ (4)	MULTIPLICATEURS. (5)	PRODUITS. (6)	CALCULS. (7)	NOMBRE de journées de maladie allouées. (8)
						Report......	1.656,4
40	18 19		6	0	0		
41	17 33		4	1	4		
42	16 47	— 0 86	4	2	6	14×18,19=254,7	242,7
43	15 61		»	3	0	—14×0,86=—12,0	
44	14 75		1	4	4		
	Totaux......		14		14		
45	15 46		4	0	0		
46	16 17		8	1	8		
47	16 88	+ 0 71	»	2	0	15×15,46=231,9	244,7
48	17 59		2	3	6	+18×0,71=+12,8	
49	18 30		1	4	4		
	Totaux......		15		18		
50	17 85		1	0	0		
51	17 40		1	1	1		
52	16 95	— 0 45	2	2	4	5×17,85= 89,2	85,2
53	16 50		»	3	0	—9× 0,45=— 4,0	
54	16 05		1	4	4		
	Totaux......		5		9		
55	15 89		»	0	0		
56	15 73		»	1	0		
57	15 57	— 0 16	3	2	6		
58	15 41		2	3	6	6×15,89= 95,3	92,7
59	15 25		1	4	4	—16×0,16=— 2,6	
	Totaux......		6		16		
60	16 52		»	0	0		
61	17 79		1	1	1		
62	19 06	+ 1 27	1	2	2	4×16,52= 66,0	82,5
63	20 33		»	3	0	+13×1,27=+16,5	
64	21 60		»	4	0		
65	22 87		2	5	10		
	Totaux......		4		13		2.414,2
	Effectif total...		130	Nombre de journées de maladie allouées (1/4 de 2.414,2)..........			603,0

RÉCAPITULATION.

RUBRIQUES.	HOMMES.	FEMMES.	TARIF DES ALLOCATIONS.		
			HOMMES.	FEMMES.	JOURNÉES.
Effectifs..........	533	130	1,60	2,30	»
Nombre de journées à allouer...............	909	603	»	»	0,65

DÉCOMPTE.

Allocations normales — Allocations proportionnelles aux effectifs. hommes	533×1,60	852,80
femmes.	130×2,30	299,00
Allocations proportionnelles aux nombres de journées....................	1.512×0,65	982,80
Total..................		2.134,60
À ajouter :		
Allocations exceptionnelles :		
1° Remplacement du matériel détruit dans un incendie (Décision ministérielle du..............).......		352,25
....		
Total des droits constatés..........		2.486,85

TABLEAU N° 2.

DÉBIT.

NUMÉROS DES MANDATS touchés.	ÉNUMÉRATION DES MANDATS RÉGULIÈREMENT ACQUITTÉS.	SOMMES TOUCHÉES.
18	Etat de paiement n° 1 du..............1911...........	2.134 60
28	Mandat relatif à un crédit pour remplacement de matériel détruit dans un incendie (Décision ministérielle du...)	352 25
	TOTAL du débit................	2.486 85

TABLEAU N° 3.

DÉCOMPTE DE LIBÉRATION.

Le montant total des crédits s'élève à............	2.486 85
Le montant total du débit s'élève à...............	2.486 85
BALANCE......	»

Fait et arrêté le présent décompte de libération duquel il résulte que les perceptions ont été égales aux droits constatés;

ou :

qu'il a été perçu en trop......................., somme qui a fait l'objet d'un reversement au Trésor de..............., ordre de reversement n° du................

ou :

qu'il a été perçu en moins............, crédit qui a été ordonnancé de..............., mandat n°

A..............., le............191

L'Ordonnateur secondaire,

Y.

ANNEXE à joindre à la revue de liquidation du 4e trimestre.

DÉSIGNATION DES TRIMESTRES.	DROITS CONSTATÉS.	MANDATS TOUCHÉS.	VERSEMENTS AU TRÉSOR.
1er Trimestre			
2e Trimestre			
3e Trimestre			
4e Trimestre			
TOTAUX			
REPORT de la balance			
DIFFÉRENCE	0	Balance :	

• CORPS D'ARMÉE
ou
GOUVERNEMENT MILITAIRE
de
—
(3e) Trimestre 191
—
PLACE DE

EXERCICE 191
—
1re Section. -- Troupes Métropolitaines.
—
CHAP. . — ART.

MODELE 7. — ANNEXE II.
—
Art. 37 de l'instruction C1 sur l'administration et le fonctionnement des masses d'assistance.

Format 342/25.

MASSE PARTICULIÈRE D'ASSISTANCE

EN CAS DE MALADIE.

Désignation de l'établissement.

ETAT FAISANT CONNAITRE

les effectifs de chaque âge au commencement du trimestre, les mutations survenues dans le courant du trimestre.

NOTA. — Pour le 1er trimestre de mise en vigueur des masses, on annexera à la revue un état nominatif par âge du personnel. Pour les trimestres suivants, la comptabilité sera numérique, les mutations seules figurant nominativement dans des états du présent modèle.

I. Hommes

RUBRIQUES.	AGES.																				
	13	14	15	16	17	18	19	20	21	22	23	24	25	26	27	28	29	30	31	32	33	34
Il existait au 1er avril 191	»	2	1	3	1	»	»	8	9	7	12	14	14	9	7	9	13	12	15	14	18	19
Augmentation d'après les mutations..............	»	»	»	»	»	»	»	2	»	»	»	1	»	1	»	1	»	»	»	»	»	1
Totaux........	»	2	1	3	1	»	»	10	9	7	12	15	14	10	7	10	13	12	15	14	18	20
Diminutions d'après les mutations..............	»	»	»	»	»	»	»	»	1	»	»	»	»	»	»	»	»	»	»	»	»	»
Reste au 1er juillet 191	»	2	1	3	1	»	»	10	8	7	12	15	14	10	7	10	13	12	15	14	18	20

II. Femmes

RUBRIQUES.	13	14	15	16	17	18	19	20	21	22	23	24	25	26	27	28	29	30	31	32	33	34
Il existait au 1er avril 191	»	»	»	1	»	»	2	3	4	3	2	1	6	9	10	12	17	»	1	3	1	»
Augmentations d'après les mutations...........	»	»	»	»	»	1	»	»	»	2	»	1	»	»	»	»	»	»	2	»	»	»
Totaux.........	»	»	»	1	»	1	2	3	4	5	2	2	6	9	10	12	17	»	3	3	1	»
Diminutions d'après les mutations...............	»	»	»	»	»	»	»	»	»	»	»	1	»	»	»	»	»	»	1	»	»	»
Reste au 1er juillet 191	»	»	»	1	»	1	2	3	4	5	2	1	6	9	10	12	17	»	2	3	1	»

I. Hommes

AGES.

35	36	37	38	39	40	41	42	43	44	45	46	47	48	49	50	51	52	53	54	55	56	57	58	59	60	61	62	63	64	65
17	16	14	12	10	9	8	13	14	13	13	15	17	19	18	18	15	13	16	10	12	10	9	9	8	6	6	3	3	5	7
»	»	»	»	»	»	»	1	1	»	1	»	»	»	»	»	»	»	»	»	»	»	»	»	»	»	»	»	»	»	»
17	16	14	12	10	9	8	14	15	13	14	15	17	19	18	18	15	13	16	10	12	10	9	9	8	6	6	3	3	5	7
2	»	»	»	»	»	»	»	3	»	»	»	»	»	»	1	»	»	4	»	»	»	»	»	»	»	2	»	»	3	5
15	16	14	12	10	9	8	14	12	13	14	15	17	19	18	17	15	13	12	10	12	10	9	9	8	6	4	3	3	2	2

II. Femmes

35	36	37	38	39	40	41	42	43	44	45	46	47	48	49	50	51	52	53	54	55	56	57	58	59	60	61	62	63	64	65
4	2	»	»	1	6	4	3	»	1	4	8	»	2	1	1	1	2	»	1	»	»	3	2	1	»	2	2	»	»	2
»	»	»	»	1	»	»	»	»	»	»	»	»	»	»	»	»	»	»	»	»	»	»	»	»	»	»	»	»		»
4	2	»	»	2	6	4	3	»	1	4	8	»	2	1	1	1	2	»	1	»	»	3	2	1	»	2	2	»	»	2
»	»	»	»	1	»	»	»	»	»	»	»	»	»	»	»	»	»	»	»	»	»	»	»	»	»	1	1	»	»	»
4	2	»	»	1	6	4	3	»	1	4	8	»	2	1	1	1	2	»	1	»	»	3	2	1	»	1	1	»	»	2

Mutations pendant le (2e) trimestre.

DATES.	MOTIFS DES MUTATIONS.	AGES.	GAINS.	PERTES
12 avril	Embauché; Lafont, ajusteur........	20	1	»
12 avril	Embauché: Émile, manœuure........	20	1	»
13 avril	Décès de Mlle Georges, usineuse.....	24	»	1
....	....	......	....	....
	Totaux.............			

Certifié véritable et conforme au registre-contrôle

L' comptable,

X.

Vu et vérifié :

L'ordonnateur secondaire,

Y.

e CORPS D'ARMÉE
ou
GOUVERNEMENT MILITAIRE
de

PLACE DE

ÉTABLISSEMENT B

EXERCICE 191 .

4e TRIMESTRE.

MODÈLE N° 8.

ANNEXE II.

Art. 38 de l'instruction Gl sur l'administration et le fonctionnement des masses d'assistance.

Format 315/205.

BORDEREAU récapitulatif des dépenses faites par l'établissement B au titre de la masse d'assistance en cas de maladie.

NUMÉRO D'ORDRE DU REGISTRE DES RECETTES ET DÉPENSES.	DATES	OBJET DE LA DÉPENSE	DÉPENSES DE LA 1re CATÉ							
			POUR MÉMOIRE (2). Subvention à la masse générale	MÉDECINS TRAITANTS.	DENTISTES.	SAGES-FEMMES.	MÉDICAMENTS PROVENANT des hôpitaux militaires.	APPAREILS PROTHÉTIQUES.	ENTRETIEN ET REMPLACEMENT du matériel.	SECOURS AUX FEMMES en couches.
503	2 déc.	Primes d'allaitement à Mme X........								
546	31 déc.	Facture du Docteur A.		145						
547	Id.	Facture de Monsieur B.., pharmacien.								
548	Id.	Id. de Madame C.., sage-femme..				40				
549	Id.	Id. de Monsieur D., oculiste.....								
562	Id.	Secours à Madame X...............								15
563	Id.	Facture Y., (Bains)................								
»	»	Subvention à la masse générale......	105							
		TOTAUX.........	105	145	»	40	»	»	»	15

VU ET VÉRIFIÉ :

L'Officier (ou fonctionnaire)
chargé de la Direction de l'Etablissement rattaché,

Y..,

Le présent état a donné lieu aux rectifications détaillées ci-dessous :

Secours au personnel...............

L'Officier (ou fontionnaire)
chargé de la Direction de l'Etablissement principal,

U..,

Fait envoi d'un mandat
la somme de quatre cent

A , le

L' .comptable

(1) Numéro au registre-journal de l'Établissement principal.
(2) A ne pas comprendre dans le total des dépenses.

…GORIE		DÉPENSES DE LA 2e CATÉGORIE				DÉPENSES DE LA 3e CATÉGORIE					TOTAUX des DÉPENSES.		TOTAL GÉNÉRAL.
		MÉDICAMENTS provenant des pharmaciens civils.		BAINS thérapeutiques.									
PRIMES D'ALLAITEMENT.	SECOURS AU PERSONNEL.	masse particulière.	masse générale.	masse particulière.	masse générale.	ENVOIS AUX EAUX MINÉRALES.	MÉDECINS SPÉCIALISTES.	MÉDECINS ET PHARMACIENS choisis par les ouvriers blessés.	HOSPITALISATION.	ISOLÉS (3e alinéa de l'article 14).	MASSE PARTICULIÈRE.	MASSE GÉNÉRALE.	
30											30		30
											145		145
		120	48								120	48	168
											40		40
							25					25	25
											15		15
				20	10						20	10	30
30	»	120	48	20	10	»	25	»	»	»	370	83	453

Certifié le présent bordereau s'élevant à la somme de quatre cent cinquante-trois francs.

A , le 191 .

L' *comptable de l'Établissement rattaché,*

X..,

	15												15
										TOTAL...........			468

sur le Trésor N° (1) s'élevant à soixante-huit francs

191 .

de l'Établissement principal,

Z..,

Reçu le montant du mandat sur le Trésor N° (1) du s'élevant à la somme de quatre cent soixante-huit francs.

A , le 191 .

L' *comptable de l'Établissement principal*

S..,

CORPS D'ARMÉE
ou
GOUVERNEMENT MILITAIRE
de

PLACE DE

EXERCICE 191 .

4e TRIMESTRE.

ANNEXE II.

MODÈLE N° 9.

Art. 38 de l'instruction Ci pour l'administration et le fonctionnement des masses d'assistance.

Format : 315/205.

COMPTE TRIMESTRIEL
de la
MASSE D'ASSISTANCE DU GROUPE D'ÉTABLISSEMENTS *A*.

A. — *Établissement principal.*
B. — — *rattaché.*
C. — — *rattaché.*

RECETTES.

NUMÉROS D'ORDRE du registre-journal.	DATES.	DÉSIGNATION des ÉTABLISSEMENTS.	1re MISE.	ALLOCATIONS TRIMESTRIELLES.	REMBOURSEMENTS par la masse générale.	VERSEMENTS PAR D'AUTRES MASSES.	RECETTES ACCIDENTELLES.	TOTAL DES RECETTES.
		Avoir au 1er octobre 191	..	....	....	..	..	461,25
1247	31 déc.	Établissement A	»	685	»	»	»	685
9	2 janv.	Établissement B	»	514	»	»	»	514
12	2 —	Établissement C	»	346,50	»	»	»	346,50
29	18 —	Établissement A	»	»	109	»	»	109
29	Id.	Établissement B	»	»	83	»	»	83
29	Id.	Établissement C	»	»	131,40	»	»	131,40
		TOTAUX des recettes....	»	1545,50	313,40	»	»	2330,15
		Report des dépenses du trimestre......	..	....	....	..	..	1770,40
		Reste au 31 décembre 191 .	..	....	....	..	..	559,75

NUMÉROS D'ORDRE AU REGISTRE-JOURNAL.	DATES.	DÉSIGNATION des ÉTABLISSEMENTS.	DÉPE[NSES] Subventions à la masse générale.	Versements faits à d'autres masses.	MÉDECINS TRAITANTS.
»	»	Établissement A	»	»	16
19	9 janv.	Établissement B	»	»	15
20	Id.	Établissement C	»	»	8
29	18 —	Établissement A	142	»	»
29	Id.	Établissement B	105	»	»
29	Id.	Établissement C	97	»	»
		TOTAUX des dépenses..	344	»	39

VÉRIFIÉ

Le 191 .

L' ordonnateur secondai[re]

Y..,

DÉPENSES.

S DE LA 1re CATÉGORIE.							DÉPENSES DE LA 2e CATÉGORIE.				DÉPENSES DE LA 3e CATÉGORIE					TOTAUX des DÉPENSES.		TOTAL GÉNÉRAL.	OBSERVATIONS.
							MÉDICAMENTS provenant des pharmaciens civils.		BAINS thérapeutiques.										
SAGES-FEMMES.	MÉDICAMENTS PROVENANT des hôpitaux militaires.	APPAREILSP ROTHÉTIQUES.	ENTRETIEN ET REMPLACEMENT du matériel.	SECOURS AUX FEMMES en couches.	PRIMES D'ALLAITEMENT	SECOURS AU PERSONNEL.	masse particulière.	masse générale.	masse particulière.	masse générale	ENVOI AUX EAUX MINÉRALES	MÉDECINS SPÉCIALISTES.	MÉDECINS ET PHARMACIENS choisis par les ouvriers blessés	HOSPITALISATION.	ISOLÉS (3e alinéa de l'art. 14).	masse particulière.	masse générale.		
»	43	»	27	»	»	47	166	72	»	»	»	14	»	»	23	483	109	592	
40	»	»	»	15	30	15	120	48	20	10	»	25	»	»	»	385	83	468	
»	»	26	14	»	»	20	103	22,40	»	»	50	»	»	44	»	235	131,40	366,40	
»	»	»	»	»	»	»	»	»	»	»	»	»	»	»	»	142	»	142	
»	»	»	»	»	»	»	»	»	»	»	»	»	»	»	»	105	»	105	
»	»	»	»	»	»	»	»	»	»	»	»	»	»	»	»	97	»	97	
40	43	26	41	15	30	82	389	142,40	20	10	50	39	»	44	23	1447	323,40	1770,40	

Certifié le présent compte trimestriel, duquel il résulte que l'avoir en deniers de la masse particulière s'élève à la somme de cinq cent cinquante-neuf francs soixante-quinze centimes, au 31 décembre 191 .

A , le 191 .

L' comptable,

Y..,

CORPS D'ARMÉE
ou
GOUVERNEMENT MILITAIRE
de

PLACE DE

ANNÉE 191 .

1re SECTION.
(Troupes métropolitaines.)

ANNEXE II.

MODÈLE N° 9 *bis*.

Article 38 de l'instruction C I sur l'administration et le fonctionnement des masses d'assistance.

Format 315/205.

MASSE D'ASSISTANCE EN CAS DE MALADIE.

A. — *Établissement principal.*
B. — — *rattaché.*
C. — — —

COMPTE ANNUEL
de la
MASSE PARTICULIÈRE D'ASSISTANCE EN CAS DE MALADIE.

Récapitulation des comptes trimestriels.

INDICATION DES TRIMESTRES.	RECETTES	DÉPENSES.	EXCÉDENTS DES recettes sur les dépenses.	EXCÉDENTS DES dépenses sur les recettes.
1er trimestre................				
2e trimestre................				
3e trimestre................				
4e trimestre................				
TOTAUX..............				
Report des recettes ou des dépenses..................				
BALANCE...........				

L'avoir en deniers, au 31 décembre 191 , ressort à la somme de après distribution des secours au personnel.

Calcul du fonds de réserve. { Obtenu en multipliant par 0,108 le nombre total de journées de maladies allouées pendant l'année, soit : N × 0,108............................

L'avoir excède le (ou est inférieur au) fonds de réserve de....

Richesse de la masse au 31 *déc.* 191 . { Avoir en deniers (balance ci-dessus)............. Avoir en matières (montant de l'inventaire estimatif)..

TOTAL.............

Certifié le présent compte annuel, duquel il résulte que la richesse théorique de la masse particulière d'assistance s'élève à la somme de au 31 décembre 191 .

A , le 191 .

L' comptable,

X..,

VÉRIFIÉ :

Le 191 .

ordonnateur secondaire,

Y..,

Vu le 191 .

Le Ministre,

MINISTÈRE DE LA GUERRE.

ATELIER DE CONSTRUCTION
DE PUTEAUX.

ANNÉE 191 ..

1re Section. — Troupes Métropolitaines.

MODÈLE N° 10. — ANNEXE II.

Art. 40 de l'instruction Cl sur l'administration et le fonctionnement des masses d'assistance.

Format : 315/205.

MASSE GÉNÉRALE D'ASSISTANCE

EN CAS DE MALADIE.

COMPTE ANNUEL

DE LA

MASSE GÉNÉRALE D'ASSISTANCE

EN CAS DE MALADIE.

NUMÉROS du REGISTRE-JOURNAL des recettes et des dépenses.	DATES.	DÉSIGNATION DES ÉTABLISSEMENTS (1).	RECETTES		
			SUBVENTIONS versées par les masses particulières.	RECETTES accidentelles.	TOTAL.
		1er TRIMESTRE.			
		TOTAL......			
		Report des dépenses du trimestre........			
		Excédent de recettes à reporter..........			

(1) Inscrire les établissements principaux dans l'ordre du tableau C de l'annexe II de l'instruction C pour l'application de l'article 19 du décret du 26 février 1897.

N.-B. — Le registre contiendra, pour chaque trimestre, le nombre de pages nécessaire.

DÉPENSES				EXCÉDENT DES	
DÉPENSES de la 2e catégorie.	DÉPENSES de la 3e catégorie.	DÉPENSES diverses.	TOTAL.	RECETTES sur les dépenses.	DÉPENSES sur les recettes.

NUMÉROS du RÉGISTRE-JOURNAL des recettes et des dépenses.	DATES.	DÉSIGNATION DES ÉTABLISSEMENTS (1).	RECETTES		
			versées par les masses particulières.	RECETTES accidentelles.	TOTAL.
		2e TRIMESTRE.			
		Reports du 1er trimestre.			

DÉPENSES				EXCÉDENT DES	
DÉPENSES de la 2e catégorie.	DÉPENSES de la 3e catégorie.	DÉPENSES diverses.	TOTAL.	RECETTES sur les dépenses.	DÉPENSES sur les recettes.

NUMÉROS du REGISTRE-JOURNAL des recettes et des dépenses.	DATES.	DÉSIGNATION DES ÉTABLISSEMENTS (1).	RECETTES		
			SUBVENTIONS versées par les masses particulières.	RECETTES accidentelles.	TOTAL.
		3e TRIMESTRE.			
		Report du 2e trimestre.			

DÉPENSES				EXCÉDENT DES	
DÉPENSES de la 2ᵉ catégorie.	DÉPENSES de la 3ᵉ catégorie.	DÉPENSES diverses.	TOTAL.	RECETTES sur les dépenses.	DÉPENSES sur les recettes.

NUMÉROS du REGISTRE-JOURNAL des recettes et des dépenses.	DATES.	DÉSIGNATION DES ÉTABLISSEMENTS (1).	RECETTES		
			SUBVENTIONS versées par les masses particulières.	RECETTES accidentelles.	TOTAL.
		4e TRIMESTRE.			
		Report du 3e trimestre..			
		TOTAL......			

DÉPENSES				EXCÉDENT DES	
DÉPENSES de la 2e catégorie.	DÉPENSES de la 3e catégorie.	DÉPENSES diverses.	TOTAL.	RECETTES sur les dépenses.	DÉPENSES sur les recettes.

RÉCAPITULATION.

DÉSIGNATION DES TRIMESTRES.	RECETTES.	DÉPENSES.	EXCÉDENT DES RECETTES sur les dépenses.
1er Trimestre..............			
2e Trimestre...............			
3e Trimestre...............			
4e Trimestre...............			
TOTAUX......			
BALANCE........			

CERTIFIÉ le présent compte annuel duquel il résulte que l'avoir en deniers de la masse générale d'assistance s'élève à.................................... au 31 décembre 191...

A Puteaux, le............191...

L'.......... comptable,

A....

VU ET VÉRIFIÉ :

L'Ordonnateur secondaire.

B...

VU :

Le..................(1)

C....

---

(1) Autorité à laquelle est attribuée, à l'administration centrale, la haute surveillance du fonctionnement des masses.

° CORPS D'ARMÉE
ou
GOUVERNEMENT MILITAIRE
de

Place de

ANNÉE 191

MODÈLE N° 11. — ANNEXE

Article 38 de l'instruction C sur l'administration et l fonctionnement des mas ses d'assistance.

Format : 36/23.

SERVICE D'ASSISTANCE EN CAS DE MALADIE.

DÉSIGNATION DE L'ÉTABLISSEMENT (1).

INVENTAIRE ESTIMATIF *des matières, effets et objets au compte de la masse particulière d'assistance en cas de maladie existant au service au* 31 *décembre* 191 .

(1) En cas de groupement, énumérer les établissements (principal et rattachés) et indique dans la colonne 5 (quantités) du tableau le détail par établissement et le total pour le groupe des instruments et objets de matériel existants.

NUMÉROS de la NOMENCLATURE		DÉNOMINATION des MATIÈRES, EFFETS ET OBJETS.	UNITÉ RÈGLEMENTAIRE.	QUANTITÉS				PRIX de L'UNITÉ.	MONTANT EN ARGENT par	
Sommaire.	Détaillée.			Établissement A.	Établissement B.	Établissement C.	Total.		Unité détaillée	Chapitre.

ANNEXE III.

Renseignements statistiques.

NUMÉROS des ÉTATS.	DÉSIGNATION DES ÉTATS.
Tableau A	Effectifs et journées de maladie pour chaque âge et par an.
— B	Maladies ayant duré plus de 15 jours.
— C	Relevé des dépenses imputables aux masses particulières et générale d'assistance.
— D	Salaires et nombres de journées de maladies payées à des taux divers.
— E	Etat analogue spécial aux magasins administratifs.

° CORPS D'ARMÉE. **TABLEAU A.**

SERVICE DE (ARTILLERIE).

DÉSIGNATION DE L'ÉTABLISSEMENT.

Renseignements statistiques.

TABLEAU A.

Effectifs et journées de maladie pour chaque âge et par an.

Les renseignements engloberont les maladies régies par l'article 19 du décret du 26 février 1897, et les indisponibilités à la suite d'accidents du travail.

ANNÉE 191 .

Colonnes (2) (2). — Sont comptées comme ayant un âge déterminé les personnes qui auront atteint cet âge pendant l'année qui a précédé celle à laquelle se rapporte ce tableau.

Colonnes (3) (3). — C'est le nombre total des malades soignés à domicile pendant l'année; sera compté, pour autant de maladies que de périodes d'absence, l'ouvrier qui aura eu plusieurs indisponibilités distinctes.

Colonnes (4) (4). — Nombre total de journées de maladie à domicile.

Dans les effectifs, on fera figurer toutes les personnes qui bénéficient des dispositions relatives aux soins médicaux et pharmaceutiques; par suite, dans les établissements des poudres et de l'artillerie, indépendamment de celles soumises au régime du décret du 26 février 1897, on comptera les ingénieurs, agents et sous-agents techniques, ainsi que les ouvriers immatriculés. Cette remarque s'applique aux tableaux statistiques à fournir.

AGES.	EFFECTIFS TOTAUX.		NOMBRE ANNUEL DE MALADES.		NOMBRE TOTAL DE JOURNÉES DE MALADIE.	
	Hommes.	Femmes.	Hommes.	Femmes.	Hommes.	Femmes.
(1)	(2)	(2)	(3)	(3)	(4)	(4)
13						
14						
15						
16						
17						
18						
19						
20						
21						
22						
23						
24						
25						
26						
27						
28						
29						
30						
31						
32						
33						
34						
35						
36						
37						
38						
39						
40						
A reporter.						

AGES.	EFFECTIFS TOTAUX.		NOMBRE ANNUEL DE MALADES		NOMBRE TOTAL DE JOURNÉES DE MALADIE.	
	Hommes.	Femmes.	Hommes.	Femmes.	Hommes.	Femmes.
(1)	(2)	(2)	(3)	(3)	(4)	(4)
Report.						
41						
42						
43						
44						
45						
46						
47						
48						
49						
50						
51						
52						
53						
54						
55						
56						
57						
58						
59						
60						
61						
62						
63						
64						
65						
TOTAUX.						

e CORPS D'ARMÉE. TABLEAU B.

SERVICE DE (ARTILLERIE).

DÉSIGNATION DE L'ÉTABLISSEMENT.

Renseignements statistiques.

TABLEAU B.

Maladies ayant duré plus de quinze jours.

Effectifs. — Nombre de ces maladies. — Nombre de journées de maladie auxquelles elles ont donné lieu.

ANNÉE 191 .

Colonnes (*1*) *et* (*2*) (*2*). — Mêmes renseignements qu'au tableau A.

Colonnes (*3*) (*3*). — Nombre de personnes ayant eu dans l'année des indisponibilités de plus de quinze jours consécutifs; pour une même personne, on comptera autant de maladies que cette personne a eu de périodes de maladie de plus de quinze jours séparées par des périodes de travail.

Colonnes (*4*) (*4*). — Nombre total des journées de maladie correspondant aux maladies ayant duré chacune plus de quinze jours. Les maladies qui seront à cheval sur deux années consécutives ne compteront que pour les journées appartenant à l'année à laquelle se rapporte ce tableau. Exemple : une maladie, commencée le 1er décembre 1908 et terminée le 5 janvier 1909, ne comptera pas comme maladie de plus de quinze jours pour 1909, mais elle compterait pour une maladie de trente et un jours pour 1908.

Les renseignements engloberont les maladies régies par l'article 19 du décret du 26 février 1897, et les indisponibilités à la suite d'accidents de travail.

AGES.	EFFECTIFS TOTAUX.		MALADIES AYANT DURÉ PLUS DE 15 JOURS.				
			NOMBRE ANNUEL DE CES MALADIES.		NOMBRE TOTAL DES journées pour ces maladies.		
	Hommes.	Femmes.	Hommes.	Femmes.	Hommes.	Femmes.	
(1)	(2)	(2)	(3)	(3)	(4)	(4)	
13							
14							
15							
16							
17							
18							
19							
20							
21							
22							
23							
24							
25							
26							
27							
28							
29							
30							
31							
32							
33							
34							
35							
36							
37							
38							
39							
40							
41							
A reporter.							

AGES.	EFFECTIFS TOTAUX.		MALADIES AYANT DURÉ PLUS DE 15 JOURS.				
			NOMBRE ANNUEL DE CES MALADIES.		NOMBRE TOTAL DES journées pour ces maladies.		
	Hommes.	Femmes.	Hommes.	Femmes.	Hommes.	Femmes.	
(1)	(2)	(2)	(3)	(3)	(4)	(4)	
Reports..							
42							
43							
44							
45							
46							
47							
48							
49							
50							
51							
52							
53							
54							
55							
56							
57							
58							
59							
60							
61							
62							
63							
64							
65							
TOTAUX							

e CORPS D'ARMÉE. TABLEAU C.

SERVICE DE (ARTILLERIE).

DÉSIGNATION DE L'ÉTABLISSEMENT.

Renseignements statistiques.

TABLEAU C.

Relevé des dépenses imputables aux masses particulières et générale d'assistance en cas de maladie.

Les renseignements engloberont les maladies régies par l'article 19 du décret du 26 février 1897, et les indisponibilités à la suite d'accidents de travail.

EFFECTIF MOYEN DE L'ANNÉE (1)

NUMÉROS DES CATÉGORIES.	DÉNOMINATION DES DÉPENSES.	MONTANT.
	Subvention à la masse générale. Versement fait à d'autres masses.	
1re catégorie, imputable en entier aux masses particulières	Honoraires des médecins traitants. — des dentistes. — des sages-femmes. Médicaments provenant des hôpitaux militaires. Appareils prothétiques Entretien et remplacement du matériel. Secours aux femmes en couches. Primes d'allaitement. Secours au personnel. TOTAL.......	
2e catégorie, imputables sur les masses particulières et sur la masse générale.	Médicaments (achats aux pharmaciens civils). Bains thérapeutiques. TOTAL.... dont , imputés à la masse générale. TOTAL......	
3e catégorie, imputables en entier à la masse générale.	Envoi aux eaux minérales. Honoraires des médecins spécialistes. Médecins et pharmaciens choisis par des accidentés. Hospitalisation des ouvriers. TOTAL.......	
	Dépenses diverses. TOTAL GÉNÉRAL......	

(1) Nombre de journées de maladie divisé par 365.

e CORPS D'ARMÉE.

TABLEAU D.

SERVICE DE (ARTILLERIE).

DÉSIGNATION DE L'ÉTABLISSEMENT.

Renseignements statistiques.

TABLEAU D[1].

Salaires de maladie.

Nombres de journées de maladie payées à des taux divers.

Nota. — Ce tableau ne se rapporte qu'au personnel civil régi par le décret du 26 février 1897. Il comprendra les renseignements indiqués, que la maladie ou l'indisponibilité soit *ou non* la conséquence d'un accident du travail.

(1) Ce tableau ne s'applique pas aux magasins administratifs (Intendance et Santé).

Nombre de journées et salaires de maladie.

TARIFS DE PAIEMENT.		NOMBRE DE JOURNÉES de maladie.	DÉPENSES TOTALES.	DÉPENSES MOYENNES par journée.
Journées de maladie payées.	Plein salaire.			
	A 1/n salaire.			
	....			
	....			
	A 1/2 salaire.			
	A 1/4 salaire.			
	TOTAUX........			

e CORPS D'ARMÉE. TABLEAU F.

SERVICE DE L'INTENDANCE OU DE SANTÉ.

DÉSIGNATION DE L'ÉTABLISSEMENT.

Renseignements statistiques.

TABLEAU E[1].

Salaires de maladie.

Nombres de journées de maladies payées à des taux divers

NOTA. — Ce tableau ne se rapporte qu'au personnel régi par le décret du 26 février 1897. Il comprendra les renseignements indiqués, que la maladie soit *ou non* la conséquence d'un accident du travail.

(1) Ce tableau ne s'applique qu'aux magasins administratifs (Intendance et Santé).

Nombre de journées et salaires de maladie.

TARIFS DE PAIEMENT.	NOMBRE DE JOURNÉES de maladie.	DÉPENSES TOTALES.	DÉPENSE MOYENNE par journée.
I. — *Embauchés avant le 1er juillet 1899.* Effectif moyen :			
A plein salaire.			
A 1/*n* salaire.			
A 1/2 salaire.			
A 1/4 salaire.			
TOTAUX.......			
II. — *Embauchés après le 1er juillet 1899.* Effectif moyen :			
A 1/*n* salaire.			
A 1/2 salaire.			
A 1/4 salaire.			
TOTAUX.......			

TABLES

TABLE DÉTAILLÉE DES MATIÈRES

de l'Instruction C pour l'application de l'article 19 du décret du 26 février 1897, de l'Instruction C_1 sur le fonctionnement et l'administration des masses d'assistance en cas de maladie et des annexes.

INSTRUCTION C POUR L'APPLICATION DE L'ARTICLE 19 DU DÉCRET DU 26 FÉVRIER 1897.

DISPOSITIONS GÉNÉRALES.

TITRE Ier.

ORGANISATION DU SERVICE.

Personnel, locaux, matériel, moyens d'exécution.

a) *Service médical.*

b) *Service pharmaceutique.*

TITRE II.

EXÉCUTION DU SERVICE.

a) *Service médical.*

ANNEXE IV.

Modèles divers.

INSTRUCTION C_I SUR L'ADMINISTRATION ET LE FONCTIONNEMENT DES MASSES D'ASSISTANCE.

TITRE Ier.

ORGANISATION GÉNÉRALE.

TITRE II.

FONCTIONNEMENT DES MASSES PARTICULIÈRES ET DE LA MASSE GÉNÉRALE.

SECTION A. — *Masses particulières.*

SECTION B. — *Masse générale.*

TITRE III.

ADMINISTRATION DES MASSES D'ASSISTANCE.

TITRE IV.

ÉCRITURES ET COMPTABILITÉ.

SECTION D. — *Renseignements statistiques.*

Annexes à l'instruction C_1 sur le fonctionnement et l'administration des masses d'assistance en cas de maladie.

ANNEXE I.

ANNEXE II.

Documents de comptabilité.

ANNEXE III.

Renseignements statistiques.

TABLE CHRONOLOGIQUE

TABLE ALPHABÉTIQUE

A

B

C

E

F

H

I

M

O

P

R

S

V

Paris et Limoges. — Imprimerie militaire Henri Charles-Lavauzelle.

Imprimerie militaire
Henri CHARLES-LAVAUZELLE
PARIS ET LIMOGES

www.ingramcontent.com/pod-product-compliance
Ingram Content Group UK Ltd.
Pitfield, Milton Keynes, MK11 3LW, UK
UKHW021855190726
13855UKWH00001B/331

9 782013 396455